Óscar García Sierra

Houston, I'm the problem

Translated from Spanish by Carmen Yus Quintero

 WORLD POETRY

Houston, I'm the problem
Copyright © Óscar García Sierra, 2016, 2023
English translation copyright © Carmen Yus Quintero, 2023

Originally published as *Houston, yo soy el problema*
by Espasa/Grupo Planeta (Madrid: Grupo Planeta, 2016)

First Edition, First Printing, 2023
ISBN 978-1-954218-18-5

World Poetry Books
New York, NY
www.worldpoetrybooks.com

Distributed in the US by SPD/Small Press Distribution
www.spdbooks.org

Distributed in the UK and Europe by Turnaround Publisher Services
www.turnaround-uk.com

Library of Congress Control Number: 2023940427

Cover Art: Nada Bien (Ramón Duero Orlando), *Sigues aquí*, 2023.
Photography by Luis San Gregorio. © Pradiauto, Madrid

Cover design by Andrew Bourne
Typesetting by Don't Look Now
Printed in Lithuania by BALTO print

Support for the translation of this book was provided by
Acción Cultural Española, AC/E.

World Poetry Books publishes exceptional translations of poetry from a broad
range of languages and traditions, bringing the work of modern masters, emerging
voices, and pioneering innovators from around the world to English-language
readers in affordable trade editions. Founded in 2017, World Poetry Books is a 501(c)
(3) nonprofit and charitable organization based in New York City and affiliated
with the Humanities Institute and the Translation Program at the University of
Connecticut (Storrs).

TABLE OF CONTENTS

HOUSTON, I'M THE PROBLEM 11

LYDIA DAVIS IS MY MOTHER 15

PROTOCOLO DE KYOTO (LLUVIA MORADA) 16

KYOTO PROTOCOL (PURPLE RAIN) 17

HANNAH MONTANA (THE MONSTER THAT LIVES IN MY INBOX) 21

REDUCE, REUSE, RECYCLE, GIVE UP ON LIFE 23

TRANKIMAZIN 2MG 27

KINDER TRISTE (CRIES IN SPANISH) 29

YOU AND I AND THE KGB (COLD WAR NOISY PLACES) 31

FOREST SOUNDS (MARÍA I'M DRUNK) 39

CUARTO MILENIO 41

CHOCAPIC Y MDMA 46

COCOA PUFFS AND MDMA 47

NOKIA 3310 49

YOUNG AND BEAUTIFUL, LIKE LANA 53

BAILAS COMO UNA DIVINIDAD HINDÚ (SANTERÍA) 54

YOU DANCE LIKE AN INDIAN GODDESS (SANTERÍA) 55

CUMBIAS BORRASCOSAS 59

WHENEVER I TRY TO FLY I FALL, WITHOUT
 MY WINGS I FEEL SO SMALL 63

HOT SUGAR (I NEED A VACATION OUTSIDE MY BODY) 65

TOKYO DRIFT 67

SAVE WATER, DIE DEHYDRATED 69

WHEN WE HAD ALREADY GOTTEN USED TO THE RAIN

    IT STARTED POURING UMBRELLAS   71

THEY WERE TWENTY AND CRAZY AND A LITTLE DEPRESSED

    (LORAZEPAM)   75

WE'RE GOING TO DIE YOUNG OR LIVE FOREVER   79

SPRING BREAKERS (NEON LIGHTS)   81

WWW.LIVEJASMIN.COM   85

STARDUST (SAD SUMMER NIGHTS)   87

THE NEXT TIME I SEE YOU MY HEAD WILL SEPARATE

    FROM THE REST OF MY BODY   95

FINAL FANTASY (TIBETAN BOOK OF THE DEAD)   99

THE WORDS   103

THE NOISE   105

BIRTHDAY   109

LITERATURE   111

TRANSLATOR'S NOTE   113

Houston, I'm the problem

estoy llorando pero estoy contento porque las lágrimas me hacen
  parecer más joven.
el cielo se está tiñendo de negro pero estoy contento
porque el negro combina con todo: con mi futuro, con tu pelo
con las luces de emergencia que se acaban de encender
en la parte de atrás de mi cerebro.
la historia es la misma de siempre:
o demasiados sentimientos o no los suficientes.
estoy a un paso de ser feliz pero estoy rodeado de paredes
y no puedo ni moverme, ni ser feliz, ni dormir
por culpa de los ruidos que la gente hace al otro lado de la pared.
es la tercera vez que me muero en lo que va de semana.
siento que nunca voy a ser consciente del tamaño real de mi cara.
siento que mi vida se parece cada vez más a mis dibujos del colegio,
que a veces me cuesta diferenciar los bordes de las cosas,
que algunas partes de mi cuerpo no tienen el color que se supone que
  deberían tener
según las revistas de la sala de espera de mi médico,
que las personas que toco desaparecen de este universo
y reaparecen convertidas en dibujos animados en otro paralelo.
existimos simultáneamente en dos universos paralelos separados por
  una sábana.
el aire que me falta cuando te veo ahora se usa
para generar energía alternativa en un país de tu espalda.
hay gente haciendo cola para pasar de largo por mi vida de forma
  ordenada.
me conformo con que las personas que me gustan no estén
  demasiado pixeladas.
esté donde esté siento que me estas usando para dar celos a un
  agujero negro.
esté donde esté siento que estoy haciendo cola para verte
  destrozarme la vida en directo,
que no confío en mi cuerpo,
que no es un lugar seguro donde guardar mis sentimientos,
que mi vida es un juego de mesa

HOUSTON, I'M THE PROBLEM

i'm crying but i'm happy because tears make me look younger.
the sky is getting dyed black but i'm happy
because black goes well with everything: my future, your hair
the emergency lights that just turned on
at the back of my mind.
the story is the same as always:
too many feelings or not enough.
i'm one step closer to being happy but i'm surrounded by walls
and i can't move, or be happy, or sleep
because of the noises people make on the other side of the wall.
it's the third time i've died so far this week.
i feel like i'm never going to be aware of the real size of my face.
i feel like my life looks more and more like my school drawings,
that sometimes i can't stay between the lines,
that certain parts of my body don't have the color they're supposed
        to have
according to the magazines in my doctor's waiting room,
that every person i touch disappears in this universe
and reappears as a cartoon in a parallel one.
we exist simultaneously in two parallel universes separated by a sheet.
the air i lack when i see you is now being used
to create alternative energy in a country at your back.
there are people waiting in line to pass by my life in an orderly
        fashion.
i'm happy that the people i like aren't too pixelated.
no matter where i am i feel that you're using me to make a black
        hole jealous.
no matter where i am i feel that i'm waiting in line to see you
        destroy me on livestream,
that i don't trust my body,
that it's not a safe place to keep my feelings,
that my life is a board game
and the person who's first to swallow and vomit the dice wins,
that my body is a magic lamp
that makes excuses when you want to rub it.

en el que gana antes quien se coma y vomite los dados,
que mi cuerpo es una lámpara mágica
que concede excusas cuando quieres frotarlo.
si arrepentirse fuese un superpoder ya hubiesen hecho varias
    películas sobre mí.
si te gustan los mensajes que te envío borracho te va a encantar mi
    epitafio.
mi culto al cuerpo se basa en buscar maneras originales de
    deformarlo.
me merezco estar desnudo,
aprendiendo a sudar sin la ayuda de otras personas.
me merezco estar desnudo,
mirando por la ventana por si viene la policía.
la historia es la misma de siempre:
o demasiados sentimientos o no los suficientes.
llevo 20 años escapando pero aún no estoy lo suficientemente lejos.
en este cuerpo no caben más cicatrices
si quieres seguir haciéndome daño regálame uno nuevo.
soy el hombre llegando a la luna en un estudio de cine de las fueras
    de los ángeles.
mi corazón también orbita alrededor de la tierra
pero ya lo ha pisado tanta gente que no tiene ningún interés para los
    astrónomos.

if regret were a superpower there would be already several movies
    about me.
if you like my drunk texts you'll love my epitaph.
my body worship is based on finding original ways of deforming it.
i deserve to be naked,
learning to sweat without other people's help.
i deserve to be naked,
looking out the window in case the police come.
the story is always the same:
too many feelings or not enough.
i've been escaping for 20 years but i'm still not far enough.
there's no more room on this body for more scars
if you want to keep hurting me give me a new one.
i'm the man landing on the moon in a cinema studio outside of los
    angeles.
my heart also orbits the earth
but so many people have stepped on it that astronomers no longer care.

me he escondido debajo de la cama
para que solo pueda encontrarme alguien que también tenga miedo.
lo he estado calculando mientras la pastilla hacía efecto
y es casi imposible que una persona mire debajo de la cama si no es
por miedo.
me he escondido debajo de la cama porque me da miedo que haya
alguien encima.

LYDIA DAVIS IS MY MOTHER

i've hidden under my bed
so that only someone who's also afraid can find me.
i've been doing the math while the pill kicked in
and it's unlikely that someone would look under the bed unless
    they're afraid.
i've hidden under my bed because i'm afraid someone's on it.

PROTOCOLO DE KYOTO (LLUVIA MORADA)

me siento como un gas que se vuelve venenoso al intentar gustarle a
  otros gases,
expandiéndome por una habitación vacía sin nadie que quiera
  respirarme,
empezando conversaciones con gente que no me importa
para que desaparezcas de mis conversaciones recientes,
convenciéndome a mí mismo de que no pasa nada
por no tener a nadie que me convenza de las cosas,
esperando a que el gobierno prohíba todas las cosas que puedes hacer
  sin mí,
intentando que alguien llame "atmósfera" al aire que intento respirar,
intentando que mi mirada diga de mí lo mismo que diría de mi la
  mirada de alguien que me quiere,
intentando aceptar que no te convenció la prueba gratuita de 30 días
  de mi cuerpo.
intentando tocar el cielo pero sé que las nubes no me van a dejar.
todo el mundo es experto en los problemas de los demás
y aún así nadie sabe a quién elegir para que sea experto en los suyos.
todo el mundo es feliz cuando no sabe qué decir.
un juego divertido es comparar mi vida con la que las cajas de
  cereales me prometen
y comprobar que cuantos más cereales como menos se parecen.
espero que pienses en mí si no tienes nada mejor que hacer los lunes
  por la mañana.
tengo miedo porque los domingos tienen un plan para apoderarse
  del mundo
basado en hacer que la gente considere al lunes un día que trata mal
  a los niños.
ya soy mayorcito, no necesito que nadie me decepcione, puedo
  decepcionarme a mí mismo.
mi cuerpo está a punto de perder mucha información relevante pero
  no me importa
porque la última copia de seguridad que hice
fue cuando todavía era importante en la vida de alguien.
en la última actualización de tu cuerpo no están incluidas mis manos.

KYOTO PROTOCOL (PURPLE RAIN)

i feel like a gas that becomes poisonous when trying to please other
gases,
expanding to fill an empty room without anyone wanting to breathe
me in,
starting conversations with people i don't care about
so that you disappear from my recent conversations,
convincing myself that it's okay
not having anyone to convince me of things,
waiting for the government to ban the things you can do without me,
trying to get people to call the air i breathe "atmosphere,"
trying to get my eyes to say about me what the eyes of someone that
loves me say,
trying to accept that you weren't sure about the 30-day free trial of
my body.
i try to touch the sky but i know that the clouds won't let me.
everyone's an expert on other people's problems
yet nobody knows who to choose to be an expert on theirs
everyone's happy when they don't know what to say.
a fun game is comparing my life to the one that cereal boxes
promise me
and making sure that the more cereal i eat the less they look alike.
i hope you think about me when you have nothing better to do on
monday mornings.
i'm scared because sundays have a plan to take over the world
based on making people think that mondays are the days that
mistreat children.
i'm a grown up, i don't need anyone to disappoint me, i can
disappoint myself.
my body is about to lose a lot of important information but i don't care
because I made the last back-up copy
when i was still important in someone's life.
they didn't include my hands in the latest update of your body.
do you remember last summer when i took apart your body and put
every part of your body on my bed and cleaned them one by one and

te acuerdas del verano pasado cuando desmonté todo tu cuerpo y colo-
qué todas las partes de tu cuerpo sobre mi cama y las limpié una por
una y cuando volví a montarlas otra vez me sobraba una cara porque
siempre habías tenido dos y nunca me había dado cuenta.

when i put them back together i had one extra face because you always had two and i had just never realized.

HANNAH MONTANA (EL MONSTRUO QUE VIVE EN MI BANDEJA DE ENTRADA)

tumbados en tu cama somos como animales que vistos desde el cielo
tienen forma de nube.
nos mantenemos vivos porque odiamos las mismas cosas:
la alfombra rosa de la habitación de tus padres, los cereales que no
llevan chocolate.
la alfombra rosa de la habitación de tus padres, diciembre de 2010,
el lugar donde perdí la noción del espacio-tiempo por primera vez.
la puerta del baño en la que esa noche escribí con tu pintalabios
"me gustaría morir cuatro o cinco veces por culpa de tus manos pegajosas".
enséñame que los hurones se pueden morir si no tienen suficiente sexo.
hazme un resumen de tu cuerpo para que aprenda a querer las cosas
que no entiendo.
lo siento, necesito el permiso de mi cuerpo para aprender a
exteriorizar mis sentimientos.
estamos a un fracaso menos de darnos cuenta
de que no hay nada de lo que estar a un fracaso menos.
lo siento, mis dedos tienen miedo al compromiso.
lo siento, vamos a necesitar una autorización de nuestros futuros hijos
para volver a drogarnos en la habitación de tu hermana pequeña
mientras ella y sus amigas ensayan su baile de navidad en el salón.
demuéstrame que el hombre del tiempo no tenía razón.
enséñame todo lo que sabes sobre la pared morada de mi habitación.
enséñame lo útil que pueden ser mis manos usadas como patrones
climáticos.
ayúdame a engañar a mi estómago.
enséñame que el plátano y el prozac tienen propiedades químicas
parecidas.
enséñame a nadar mal porque quiero morir a la orilla del mar.
enséñame a tener una casa con chimenea.
susúrrame al oído tu curriculum vitae.

HANNAH MONTANA (THE MONSTER THAT LIVES IN MY INBOX)

on your bed we're like animals that seen from the sky make the
   shapes of cloud.
we are still alive because we hate the same things:
the pink carpet in your parents' room, cereal that isn't made with
   chocolate.
the pink carpet in your parents' room, december of 2010,
the place where i lost the notion of space-time for the first time.
the bathroom door on which i wrote with your lipstick that night
"i would like to die four or five times because of your sticky hands."
teach me that ferrets can die if they don't have enough sex.
summarize your body for me so i can learn to love the things i don't
   understand.
i'm sorry, i need my body's permission to learn how to externalize
   my feelings.
we're one failure closer to seeing
there's nothing there to snuggle up to.
i'm sorry, my fingers have commitment issues.
i'm sorry, we'll need our future children's consent to get high again
   in your little sister's room
while she and her friends rehearse their christmas dance in the
   living room. show me the weatherman wasn't right.
teach me all you know about the purple wall in my room.
teach me how useful my hands can be when used as weather
   patterns.
help me to trick my belly.
teach me that bananas and prozac have similar chemical properties.
teach me how to swim because i want to die at the seashore.
teach me how to have a house with a fireplace.
whisper your résumé into my ear.

REDUCIR, REUTILIZAR,
RECICLAR, RENDIRSE EN LA VIDA

It's time that we start acting like ourselves again,
crying when we're hungry and eating when we're sad
—JORDAN CASTRO, *Young Americans*

estoy llorando porque no hay nada que quiera meterse en mi ojo.
he tardado 20 años en limpiar este espejo y la verdad creo que era
    más feliz
cuando no estaba seguro de si había o no alguien detrás de mí.
la verdad, no quiero moverme, solo trato de buscar un buen lugar
    donde morir.
estoy adiestrando a mis sábanas para que me protejan del resto de
    sábanas del mundo,
rellenando el espacio entre nuestros cuerpos con películas
    subtituladas
y una dosis doble de mi medicación, trabajando en una versión de
    mi cuerpo
que sea capaz de almacenar menos información. quiero aprender
    nuevos idiomas
en los que poder mandarte mensajes ilegibles cuando esté borracho.
ojalá saber cómo se dice "triste" en otros idiomas me ayudase a dejar
    de estarlo.
cambio de estado de ánimo a una velocidad inapreciable para el ojo
    humano.
estoy más triste de lo que originalmente había planeado.
me siento como si estuviese secuestrado en mi hígado
y la única manera de escapar fuese destruyendo sus paredes con alcohol.
estoy demasiado cansado como para convencer a la gente de que
    puedo ser útil en su vida.
gasto demasiado dinero en ropa para lo poco que salgo de la cama.
tengo problemas para recordar el color de ojos de la gente.
he tropezado dos veces con la misma esquina del mismo mueble.
soy la consecuencia de un siglo de problemas familiares y la causa de
    otro siglo más.

REDUCE, REUSE, RECYCLE,
GIVE UP ON LIFE

It's time that we start acting like ourselves again, crying when
we're hungry and eating when we're sad.
—**Jordan Castro**, *Young Americans*

i'm crying because there's nothing that wants to get into my eye.
it's taken me 20 years to clean this mirror and i actually think i was
    happier
when i wasn't sure if there was someone behind me or not.
really, i don't want to move, i'm just trying to find a good place to die.
i'm training my sheets to protect me from the rest of the world's
    sheets,
filling the space between our bodies with subtitled movies
and a double dose of my medication, working on a version of my body
that can store less information. i want to learn new languages
in which i can send you illegible texts when i'm drunk.
i wish knowing how to say "sad" in other languages helped me stop
    being sad.
my mood changes at a speed imperceptible to the human eye.
i'm sadder than i had ever originally planned.
i feel as if i was trapped in my liver
and the only way out was to strip away its walls with alcohol.
i'm too tired to try to convince people that i might be useful for them.
i've spent too much money on clothes for how little i get out of bed.
i've trouble remembering people's eye color.
i've bumped twice into the same corner of the same table.
i'm the result of a century of family issues and the cause of yet
    another.
i'm the soul sister of somebody who only loves me when i put my
    feet on the table.
i'm a two-keyboard monster that breathes excuses:
i'm sorry, i can't come to your birthday,
i've got to practice for the day i turn up dead on my bed surrounded
    by trash.

soy el alma gemela de alguien que solo me quiere cuando pongo los
pies encima de la mesa.

soy un monstruo de dos teclados que dispara excusas por la boca:

lo siento, no puedo ir a tu cumpleaños,

tengo que practicar para cuando aparezca muerto en mi cama
rodeado de basura.

UNA SÁBANA
LO SUFICIENTEMENTE GRANDE
QUE NOS TAPE A MÍ
Y A TODA LA GENTE DEL MUNDO
QUE AÚN NO HE TOCADO.

A SHEET
BIG ENOUGH
TO COVER ME
AND EVERYONE
I HAVEN'T TOUCHED

sueño que estoy corriendo a cámara lenta desde la cama al cuarto
    de baño
y siento que no avanzo y cuando miro hacia atrás me doy cuenta
de que la chica con la que perdí la virginidad me está agarrando por
    la cintura
y cuando le pido que me suelte no me suelta
pero cuando le digo que la quiero me suelta y se evapora
y cuando llego al cuarto de baño pego la cara al espejo para asegurarme
de que mis pupilas siguen teniendo su tamaño original
de que mis pupilas siguen siendo más pequeñas que el total de mi cara
porque siento que mis pupilas se dilatarán hasta ocupar todo mi ojo
y se seguirán dilatando hasta ocupar toda mi cara
y abandonarán mi cuerpo pero no dejarán de dilatarse
y abandonarán el planeta tierra pero no dejarán de dilatarse
hasta que se transformen en planetas
hasta que ocupen el puesto que se merecen en el sistema solar
hasta que cuenten con su propia luna y con su propia población
que tomará sus propias drogas para dilatar sus propias pupilas
que se dilatarán hasta que estén preparadas
para ocupar el lugar que se merecen en el sistema solar.
todo el mundo sabe que esa es la forma que el universo tiene de
    expandirse.

i dream that i'm running in slow motion from my bed to the
    bathroom
and i feel that i can't go forward and when i look back i realize
that the girl i lost my virginity to is holding onto my waist
and when i ask her to let me go she doesn't let me go
but when i tell her that i love her she lets me go and evaporates
and when i get to the bathroom i stick my face to the mirror to
    make sure
that my pupils are still their original size
that my pupils are still smaller than the rest of my face
because i feel my pupils will dilate until they take up my whole eye
and they'll keep dilating until they take up my whole face
and they'll leave my body but won't stop dilating
and they'll leave the planet earth but won't stop dilating
until they become planets
until they occupy the place they deserve in the solar system
until they have their own moon and their own population
that'll take their own drugs to dilate their own pupils
that'll dilate until they're ready
to occupy the place they deserve in the solar system.
everybody knows that's the way the universe expands.

KINDER TRISTE (CRIES IN SPANISH)

mamá dice que estoy estropeando mi cuerpo.
yo le digo que yo no he tocado nada,
que ya estaba roto cuando ella me lo dio.
la tele dice que dos de cada tres personas hacen que la otra se sienta sola.
lo mejor de estar vivo es lo divertido que se ha convertido
disfrutar de las cosas que me hacen fracasar en estar vivo.
espero que los ojos que me vean morir no sean los de un médico.
espero que el último techo que vea antes de morir no sea el de un
    hospital.
espero que una piedra aprenda respirar con el oxígeno que sobre
    cuando yo me muera.
espero que te sientes a descansar en esa piedra cuando estés cansada
    de alejarte de mí.
espero que la próxima vez que te vea ya te hayas leído el libro de
    instrucciones de mi cuerpo.
espero que te guste lo que estoy haciendo con tus recuerdos.
tengo más o menos un millón de problemas y las manos frías.
mi cuerpo solo me pertenece cuando no hay nadie mirando.
el tiempo se me escapa entre los dedos de las manos
si no las saco del pantalón.
voy a salir de la cama
y voy a intentar decepcionar al mayor número de personas posible.
espero que al menos le pongan mi nombre
al callejón sin salida en el que encuentren mi cadáver.
antes de morir quiero decepcionar a todas las personas del mundo al
    menos una vez.

KINDER TRISTE (CRIES IN SPANISH)

mom says i'm ruining my body.
i tell her i haven't touched anything,
it was already broken when she gave it to me.
the tv says that two out of three people make the other one feel
    lonely.
the best part about living is how much fun it has become
to enjoy the things that make me feel like a living failure.
i hope the eyes that see me die are not the doctor's.
i hope the ceiling i see before i die is not that of a hospital.
i hope a rock learns how to breathe with the oxygen that's left when
    i die.
i hope you sit down to rest on that rock when you are tired of
    running away from me.
i hope the next time i see you, you've already read the instruction
    manual of my body.
i hope you like what i'm doing with your memories.
i have around a million problems and cold hands.
my body only belongs to me when nobody's looking.
time slips away between my fingers
if i don't take my hands out of my pockets.
i'm going to get out of bed
and i'll try to disappoint as many people as possible.
i hope they at least name the dead-end street
where they find my body after me.
before i die i want to disappoint every person in the world
at least once.

TÚ Y YO Y EL KGB (GUERRA FRÍA SITIOS RUIDOSOS)

en la cola del súper te digo: todos vamos a morir.

en la cola del súper me dices: prométemelo.

en la calle me enseñas las pilas que has robado y digo: eres mejor que
yo porque tu nombre suma más puntos al scrabble.

el pelo te tapa la cara cuando dices: haces que quiera esforzarme más
por aprender palabras raras.

las luces están apagadas cuando digo: el pelo es la única parte que
entiendo de tu cuerpo.

se oyen aplausos en la oscuridad cuando dices: duermo mejor
cuando sé que no puedes dormir por mi culpa.

y digo: creo que no me va a dar tiempo a hacerte feliz antes de que se
me acabe la batería del móvil.

y dices: te quiero en la cerveza y en el dolor de cabeza.

la luz que entra por la ventana se refleja en tu mejilla cuando digo:
quiero que me conozcas tan bien como la palma de mi mano.

y dices: no estoy preparada para que los cargadores de nuestros
móviles se toquen.

y digo: tengo que confesarte algo: soy un fracasado. si te muerdo te
conviertes en una fracasada.

y digo: deberíamos formar una familia con las plantas muertas de tu
habitación.

y dices: quiero que grites mi nombre mientras haces la digestión.

estás sudando cuando digo: había olvidado que estaba vivo pero lo he
recordado cuando casi muero ahogado en tu ombligo.

mis manos aún están pegajosas cuando dices: siempre encuentras
alguna manera original de decepcionarme.

ya te has dormido cuando digo: si mi vida fuera un videojuego en la
carátula aparecería comiendo yogur en ropa interior mientras
compruebo la bandeja de entrada de gmail.

estás hablando en sueños cuando dices: si mi vida fuese un
videojuego mi madre me dejaría comprarlo porque no sabe que
contiene escenas sexualmente explicitas.

ya te has despertado cuando digo: tu cuerpo es un buen complemento
del mío y mi cuerpo es un buen sustituto del tuyo.

ya ha amanecido cuando dices: quiero que me prometas que si

YOU AND I AND THE KGB (COLD WAR NOISY PLACES)

in the line at the supermarket i tell you: we're all going to die.

in the line at the supermarket you say: promise me.

on the street you show me the batteries you stole and i say: you're better than me because your name is worth more points in scrabble.

your hair is hiding your face when you say: you make me want to make a bigger effort to learn weird words.

the lights are off when i say: your hair is the only part of your body that i understand.

we hear claps in the darkness when you say: i sleep better when i know that you can't sleep because of me.

and i say: i think i won't have time to make you happy before my phone dies.

and you say: i love you through thick and thin, through high times and low times.

the light that comes in through the window is reflected on your cheek when i say: i want you to know me as well as the palm of my hand.

and you say: i'm not ready for our phone chargers to touch.

and i say: i have to make a confession: i'm a failure.

if i bite you you'll become a failure.

and i say: we should start a family with the dead plants in your room.

and you say: i want you to yell my name while you're digesting.

you're sweating when i say: i had forgotten i was alive but i remembered when i almost drowned in your belly button.

my hands are still sticky when you say: you always find an original way of disappointing me.

you're already asleep when i say: if my life was a video game I would be on the cover eating yogurt in my underwear while i check my gmail.

you're talking in your sleep when you say: if my life was a video game my mom would let me buy it because she doesn't know it contains sexually explicit scenes.

you've already woken up when i say: your body is a good complement to mine and my body is a good replacement for your own.

dentro de 30 años ninguno de los dos está casado viajaremos en
el tiempo hasta hoy y nos casaremos para no desperdiciar 30
años de nuestras vidas.
noto tu mano en mi pelo cuando digo: en mis pesadillas me tratabas
mejor.
y dices: en el futuro no tendrás que expresar tus sentimientos
porque los demás sabrán lo que sientes con solo ver la posición
de tus manos.
me tiembla la voz cuando digo: puedes leerme el futuro en las
plantas de los pies cuando esté haciendo el pino.
me tiembla la voz cuando digo: veo el futuro en tu mirada cuando no
me miras.
me estoy imaginando que hay un incendio en tu pelo cuando dices:
si me quisieras serías capaz de expresarme tu amor usando
recortes de revistas.
has salido de la cama cuando digo: no te muevas, quién te ha dicho
que te vistas.
sigo en la cama cuando digo: dime lo que quieres que sea por ti y
acláremelo con un power point.
y digo: desde que dejé de ser una taza de desayuno no me gusta que
me utilices.
y has desaparecido cuando digo: tu barriga haciendo la digestión es
mi rapero favorito.
y con los ojos cerrados digo: no te necesito para mirar por la ventana.
y con los ojos cerrados digo: estás ahí?
y con los ojos cerrados digo: por qué no contestas?
y con los ojos mojados digo: dos puntos abro paréntesis.
creo que digo: dragostea din tei.

*

acabo de salir de la ducha cuando digo: estaba a punto de madurar
cuando llamaste.
pareces contenta cuando dices: quiero ver en tus ojos rojos un spoiler
de mi muerte.
no sé lo que quiero decir cuando digo: pisarme da buena suerte.
estamos bailando cuando dices: no me ignores hasta que yo te lo pida.

the sun has already risen when you say: i want you to promise me
that if in 30 years neither of us is married we'll travel in time to
today and we'll get married so we don't waste 30 years of our lives.
i feel your hand in my hair when i say: in my nightmares you
treated me better.
and you say: in the future you won't have to express your feelings
because people will know what you feel just by looking at your
hands.
my voice is quivering when i say: you can read my future in the
palms of my feet when i do a handstand.
my voice is quivering when i say: i see the future in your eyes when
you're not looking at me.
i imagine there's a fire in your hair when you say: if you loved me
you'd be able to express your love using scraps of magazines.
you've gotten out of bed when i say: don't move, who told you to get
dressed.
i'm still in bed when i say: tell me what you want me to be to you
and explain it with a powerpoint.
and i say: since the moment i stopped being a coffee mug i don't like
how you use me.
and you've disappeared when i say: your belly's digestion is my
favorite rapper.
and with my eyes closed i say: i don't need you for looking out the
window.
and with my eyes closed i say: are you there?
and with my eyes closed i say: why don't you answer me?
and with my eyes wet i say: colon open parenthesis
i think i say: dragostea din tei.

*

i just got out of the shower when i say: i was about to grow up when
you called.
you seem happy when you say: i want to see a spoiler of my death in
your red eyes.
i don't know what i want to say when i say: stepping on me is good
luck.

existo a cámara lenta cuando digo: me gustas porque fracasaste en
quererme.

la discoteca parpadea cuando dices: me siento más sola cuando estoy
de fiesta rodeada de gente que cuando estoy llorando en la ducha.

la pastilla me empieza a hacer efecto cuando digo: no vas a necesitar
esa metáfora en el sitio al que vamos.

no sé dónde estoy cuando dices: les he hablado a mis cubiertos de ti.

tengo ganas de vomitar cuando digo: antes de morir quiero ser
biodegradable.

estoy vomitando cuando dices: la revolución tiene que empezar por
nuestras barrigas y acabar en el desagüe.

y digo: hablamos un lenguaje secreto basado en decir lo contrario de
lo que queremos.

te veo borrosa cuando dices: llévame a sitios en los que nunca haya
estado triste antes.

llaman a la puerta del baño cuando digo: mi olor corporal es la suma
de todo el tiempo que paso sin ti.

el taxi se para cuando dices: estoy bien porque me he cansado de
quejarme.

y digo: me gustas más cuando imitas las voces de famosos que
cuando eres tú misma.

y con la voz de morgan freeman dices: lo que pasa en los huesos se
queda en los huesos.

y con la voz de brittney spears dices: creo que voy a morirme otra vez.

y digo: te prometo que no diré nada que te haga sentir superior al
resto de la humanidad.

y te ves reflejada en mis ojos cuando dices: mis muebles no me
entienden.

y dices: soy una mosca haciendo zig zag por todo tu esqueleto.

y digo: soy un pañuelo de papel retirado.

estás llorando cuando dices: envuélveme en plástico de embalar y
tírame desde el cielo de los perros.

no soy capaz de llorar cuando digo: por favor recoge tus cosas y sal
de mi mente antes de que amanezca.

te huele el aliento cuando dices: me siento sola sin la presencia de
mi abogado.

y digo: bienvenida a mi cuerpo, está prohibido tocar y sacar fotos.

we're dancing when you say: don't ignore me until i ask you to.

i exist in slow motion when i say: i like you because you failed at
loving me.

the club lights flicker when you say: i feel more lonesome when i'm
at a party surrounded by people than when i'm crying in the
shower.

the pill starts kicking in when i say: you won't need that metaphor
where we're going.

i don't know where i am when you say: i told my silverware about
you.

i feel sick when i say: before I die I want to become biodegradable.

i'm throwing up when you say: revolution has to start in our bellies
and end in the drainpipe.

and i say: we speak a secret language that consists of saying the
opposite of what we want.

you're blurry when you say: take me places where i've never been
sad before.

they knock on the toilet's door when i say: my body odor is the sum
of all the time i spend without you.

the taxi stops when you say: i'm okay because i got tired of
complaining.

and i say: i like you better when you impersonate the voices of
famous people than when you're yourself.

and with a morgan freeman voice you say: what happens in the
bones stays in the bones.

and with a britney spears voice you say: i think i'm dying again.

and i say: i promise i won't say anything that makes you feel
superior to the rest of humanity.

and you see yourself reflected in my eyes when you say: my
furniture doesn't understand me.

and you say: i'm a fly zigzagging around your skeleton.

and i say: i'm an old and useless kleenex.

you're crying when you say: wrap me in bubble wrap and throw me
from dog heaven.

i can't cry when i say: please get your things and get out of my head
before the sun rises.

your breath stinks when you say: i feel lonely without my lawyer.

y dices: no sé si está amaneciendo o es que el sol se alegra de vernos.

y digo: un escalofrío me recorre el cuerpo pero no ve nada que le guste y se va.

y dices: estamos a las puertas de la gloria pero solo abren en caso de emergencia.

y digo: el tiempo es un círculo en el que no sé qué expresión facial quiero dibujar.

y digo: tú también eres un círculo en el que quiero sentarme a decidir si tengo hambre o no.

y dices: quiero saber lo que me va a pasar si salgo de la cama pero voy a esperar a que hagan la película.

te estás desnudando cuando digo: vamos a fingir que esto no ha pasado o que ha pasado mientras estábamos sentados en la ducha con la cabeza metida entre las rodillas y no nos hemos enterado.

y digo: si te he puesto de fondo de pantalla es para que entiendas que para mí internet siempre está por delante de ti.

y tienes un cuchillo en la mano cuando dices: quiero ocupar tu sitio en la cadena alimentaria.

y tengo sangre en la cara cuando dices: antes de que te des cuenta habré arruinado tus canciones favoritas.

en la cola de urgencias digo: estamos solos aquí.

en la cola de urgencias dices: quiénes?

en la cola de urgencias digo: tú y yo y el kgb.

*

dices que te gustan las pistolas pero nunca te he visto disparar.

dices que te gustan las pastillas pero nunca te he visto flotar.

dices muchas cosas sin sentido y creo que ninguna de ellas es mi nombre.

and i say: welcome to my body, touching and taking photos is
   forbidden.
and you say: i don't know if the sun is rising or if the sun is happy to
   see us.
and i say: a shiver runs down my spine but it doesn't see anything it
   likes and leaves.
and you say: we're at the gates of glory but they only open in case of
   an emergency.
and i say: time is a circle in which i don't know what facial
   expression i want to draw.
and i say: you're also a circle in which i want to sit and decide
   whether i'm hungry or not.
and you say: i want to know what would happen to me if i get out of
   my bed but i'll wait until they make the movie.
you're taking off your clothes when i say: let's pretend this didn't
   happen or that it happened while we were sitting in the shower
   with our heads between our knees and we didn't notice.
and i say: if i have you as my phone background it's so you
   understand that the internet always comes before you.
and you have a knife in your hand when you say: i want to occupy
   your place in the food chain.
and i have blood on my face when you say: before you know it i'll
   have ruined your favorite songs.
in the emergency room i say: we're alone here.
in the emergency room you say: who?
in the emergency room i say: you and me and the kgb.

*

you say you like guns but i've never seen you shoot anything.
you say you like pills but i've never seen you floating.
you say a lot of nonsense and i think not one of those things is my
   name.

RUIDOS DEL BOSQUE (MARÍA ESTOY BORRACHO)

mis superhéroes favoritos no llevan capa,
pero se atan una sábana al cuello
y meten la cabeza debajo de lo almohada.

FOREST SOUNDS (MARÍA I'M DRUNK)

my favorite superheroes don't wear capes,
but they tie a bed sheet around their neck
and put their head under a pillow.

si dormimos juntos vas a tener que darme los buenos días a través de
    la ouija.
si cuando te despiertes ya estoy muerto
ponle un lazo a mi cadáver,
envuélvelo en papel de regalo
y colócalo debajo del árbol las próximas navidades.
te prometo que no diré nada
que te haga sentir superior al resto de la humanidad.
si cuando te despiertes ya estoy muerto
actúa con normalidad, trae el desayuno a la cama
y cuéntale a mi cadáver el sueño que has tenido
en el que las cicatrices de tu cuerpo se ponían de acuerdo
para irse a vivir a tu cara todas juntas el próximo invierno.
tengo una pistola en la mano.
pensé que deberías saberlo.
tengo las manos llenas de pistolas.
si por favor pudieras confirmarme que estoy vivo
te lo agradecería de la forma más pegajosa que sé.
acabo de mirar el reloj pero no sé qué hora es.
acabo de comer pero tengo hambre.
si me ayudas a encontrar el control de mi vida
te dejo que te quedes una parte.
hay muchas cosas que he olvidado
por culpa de mi medicación
pero cada vez que apago las luces me acuerdo
de la primera vez que usaste mi cuerpo
como suelo de tu habitación.
hay muchas cosas que he aprendido viéndote respirar
pero sigo sin saber cómo comportarme
cuando tengo una pistola en la mano
y me dices
que si quiero ser importante en tu vida
voy a tener que disparar.
hay un fantasma viviendo dentro de mí
que se muere cada vez que respira.

if we sleep together you'll have to say *good morning* through the
    ouija board.
if i'm already dead when you wake up
tie a bow to my body,
wrap it in wrapping paper
and put it under the tree next christmas.
i swear i won't say anything
that'd make you feel superior to the rest of humanity.
if i'm already dead when you wake up
act normal, bring breakfast to bed
and tell my body the dream you had
where the scars on your body agreed
to go live on your face your face next winter.
i have a gun in my hand.
i thought you should know.
my hands are full of guns.
please if you could confirm that i'm alive
i'd appreciate it in the stickiest way i can.
i just looked at the clock but i don't know what time it is.
i just ate but i'm hungry.
if you help me find some control in my life
i'll let you keep some of it.
there're a lot of things i forgot
because of my medication
but every time i turn the lights off i remember
the first time you used my body
as your room's floor.
there're many things i've learned by seeing you breathe
but i still don't know how to behave
when i've got a gun in my hand
and you tell me
that if i want to be important in your life
i'll have to shoot.
there's a ghost living inside me
that dies every time he breathes.

hay muchas cosas en las que me he rendido en la vida
pero sigo pensando que si lo intentamos con ganas
podemos quedarnos dormidos
en el suelo de mi bandeja de entrada.
hoy lo he visto claro, hoy lo he soñado
dinosaurios bailando dembow,
agujeros negros rellenos de hamburguesas,
el origen del universo fue dios vomitando
a la salida de la discoteca.
tengo que elegir entre tener problemas
o ser el problema de alguien que haya elegido la primera opción.
han hecho falta millones de años de evolución
para que yo pueda pasar días sin salir de la cama.
tengo que decidir si quiero ser un mueble
o la persona que se choca contra uno.
si no me arrepiento de tomar una decisión
me siento como si nunca la hubiese tomado.
si no me arrepiento de enviarte un mensaje
me siento como si nunca te lo hubiese enviado.
tengo piel de sobra para tenerte alergia lo que queda de verano.
hago equilibrios sobre la línea que separa el pasado del futuro
que unas veces es el cargador de mi móvil
y otras uno de tus pelos
que se he quedado pegado
en la camiseta de adidas
que te dejé el verano pasado.
he soñado que mi cuerpo era una bomba
he tocado mi cuerpo un millón de veces
más o menos
pero aún no sé qué vena cortar
cuando siento que estoy a punto de explotar.
me dormí llorando y soñé que era una ballena
y que tú eras un robot ballena sin sentimientos
pero yo no lo sabía

there're many things i've given up in life
but i still think that if we try hard
we can fall asleep
on my inbox floor.
today i saw it clearly, today i dreamt it
dinosaurs dancing the dembow,
black holes filled with hamburgers,
the origin of the universe was god throwing up
getting out of a nightclub.
i've got to choose between having problems
or being a problem to someone who chose the first option.
millions of years of evolution were necessary
so that i could spend days in bed.
i've got to decide if i want to be a piece of furniture
or the person who bumps into it.
if i don't regret making a decision
it's like i never made it.
if i don't regret sending you a text
it's like i never sent it.
i've enough skin to be allergic to you for the rest of the summer.
i'm balancing on the line that separates past and future
that sometimes it's my phone charger
and other times it's one of your hairs
that stuck to
my adidas t-shirt
you borrowed last summer.
i dreamt that my body was a bomb
i've touched my body a million times
roughly
but i still don't know what vein i should cut
when i feel that i'm about to explode.
i fell asleep crying and i dreamt i was a whale
and you were a robotic whale without feelings
but i didn't know

porque no parecías
para nada
un robot ballena.
cuando no me hablas
me consuelo pensando
que estarás ocupada
planificando mi muerte.
cuando estoy cerca de ti me siento como un camaleón
cuando está cerca de una caja de pinturas de 24 colores.
si te esfuerzas
puedes destrozarme la vida
antes de que me olvide de tu nombre.
si nos esforzamos
podemos conseguir salir desnudos, deprimidos y de fiesta
en las portadas de tus revistas favoritas
y si los vecinos se quejan del ruido
vamos a mudarnos a un ataúd con vistas.
voy a llegar tarde a mi funeral, aún no me he duchado.
voy a llegar tarde a tu funeral, guardadme un sitio a tu lado.

because you didn't look
at all
like a robotic whale.
when you don't talk to me
i console myself thinking
that you're busy
planning my death.
when i'm close to you i feel like a chameleon
when it's close to a box of 24 count crayons.
if you make an effort
you could destroy my life
before i forget your name.
if we make an effort
we could be naked, depressed, and partying
on the cover of your favorite magazines
and if neighbors complain about the noise
we'll move into a coffin with a view.
i'm going to be late for my funeral, i haven't showered yet.
i'm going to be late for your funeral, keep me a place by your side.

voy a disfrazarme de cereal para entrar a robar en tu cuerpo.

voy a meter algunas de tus células favoritas en una bolsa de deporte.

voy a esconderme en tu barriga nadando entre jugos gástricos hasta
    que la poli se vaya.

tu hígado me va a conseguir un pasaporte falso porque tu hígado
    trabaja para mí.

en el pasaporte falso seré una fruta tropical con nombre de dictador
    del siglo xx.

voy a huir por tu boca cuando vomites porque tienes alergia a la
    fruta tropical.

voy a desaparecer por un tiempo y cada navidad te voy a enviar postales

tomando el sol con tus células desnudas en una playa de papúa
    occidental (indonesia).

no volverás a tener noticias mías

hasta que unos años más tarde

estrenen la película sobre nuestra historia.

será un fracaso en taquilla.

deberíamos irnos a vivir juntos antes de que se me olvide.

podemos funcionar como los muñecos que cierran los ojos si los
    pones en horizontal.

podemos mantenernos enchufados a una cafetera para sobrevivir.

podemos conseguir la ciudadanía de algún país exótico

por comer con las manos en los baños de su embajada.

tenemos que ponernos de acuerdo por si nos preguntan

de qué estábamos colocados

cuando nos conocimos.

COCOA PUFFS AND MDMA

i'm going to disguise myself as cereal to break into your body.

i'm going to put some of your favorite cells into a sports bag.

i'm going to hide in your belly and swim in gastric juice until the
cops leave.

your liver is going to get me a fake passport because your liver works
for me.

in my fake passport i'll be a tropical fruit named after a dictator
from the 20th century.

i'm going to escape through your mouth when you vomit because
you're allergic to tropical fruit.

i'm going to disappear for a while and every christmas i'll send you
postcards

of me sunbathing with your cells naked on a beach in west papua
(indonesia).

you won't hear from me

until a few years later

the film about our story is released.

it'll be a bomb at the box office.

we should move in together before i forget about it.

we could function like those dolls that close their eyes when you lay
them down.

we could stay plugged into a coffee maker to survive.

we could get citizenship from an exotic country

eating with our hands in the embassy restrooms.

we have to settle on a plan

in case they ask

what we were high on

when we first met.

I'm an emotional gangster, I cry once a month.

—Cardi B

ojalá pudiera vivir para siempre en el segundo que pasa
entre que veo que tengo un mensaje y lo abro y veo que no es tuyo.
lo único que me dura más de un fin de semana son las enfermedades.
podría sustituir mi corazón por una medusa muerta y nadie se daría
    cuenta.
tomo una pastilla y meto la cabeza debajo de la almohada
cuando quiero que las cosas cambien pero no sé cómo hacer que las
    cosas cambien.
aunque meta la cabeza debajo de la almohada te sigo viendo doble.
me gustaría que a partir de ahora cada vez que salga a la calle mi
    cara aparezca pixelada
como cuando sale en la tele un niño o un asesino de niños.
tengo miedo de perder la memoria y volver a enviarte mensajes que
    ya te he enviado.
tengo que olvidarte para poder centrarme en olvidar a otras
    personas que aún no conozco.
tengo que disfrutar de la diferencia entre estar solo y sentirme solo.
no quiero estar solo si no voy a hacerme famoso por lo solo que estoy.
quiero engordar con alguien que no me quiera ni por lo que tengo ni
    por lo que soy
sino por lo que tardo en dormirme cuando me meto en una cama
    que no es la mía.
quiero abrazar a todas las arañas de mi jardín porque me siento solo.
quiero abrazar a todas las arañas de mi jardín para ver si me dan
    superpoderes.
el superpoder de sentirme solo cuando yo quiera.
el superpoder de sentirme atraído por la gente a la que le atraigo yo.
el superpoder de saber diferenciar cuándo estoy triste y cuándo
    tengo hambre.
estoy casi seguro de que todo esto ya me ha matado antes.
siempre estoy en el lado equivocado de la pantalla.
llevo casi una semana sin quitarme esta camiseta.

I'm an emotional gangster, I cry once a month.
—Cardi B

i wish i could live forever in the second that passes
between the moment i see i've got a message and i open it to the
    moment i see it's not yours.
the only thing that stays with me more than a weekend are diseases.
i could replace my heart with a dead jellyfish and nobody would notice.
i take a pill and put my head under the pillow
when i want things to change but i don't know how to make things
    change.
even though i put my head under the pillow i still see you double.
i wish from now on every time i went out my face was pixelated
like when there's a child or a child murderer on tv.
i'm scared of losing my memory and sending you messages i've
    already sent you.
i have to forget you to focus on forgetting other people i don't know yet.
i have to enjoy the difference between being alone and feeling lonely.
i don't want to be alone if i'm not going to be famous just because i am.
i want to get fat with somebody who doesn't love me for what i have
    or for what i am
but for how long it takes me to fall asleep when i get into a bed that's
    not mine.
i want to hug all the spiders in my backyard because i feel lonely.
i want to hug all the spiders in my backyard to see if they give me
    superpowers.
the superpower to feel lonely whenever i want to.
the superpower of being attracted to the people who are attracted to me.
the superpower of knowing the difference between being sad and
    being hungry.
i'm almost certain that all of this has killed me before.
i'm always in the wrong place on the screen.
i haven't taken this shirt off in almost a week.
i wish i could be interested in a person for a long time.

ojalá pudiese interesarme durante tanto tiempo seguido por una persona.

tengo miedo de perder la memoria y volver a enviarte mensajes que ya te he enviado.

ojalá abrazar a las personas fuera tan fácil como mirar el móvil cuando abrazas a las personas.

i'm scared of losing my memory and sending you messages i've
   already sent you.
i wish hugging people was as easy as looking at your phone while
   you're hugging them.

YOUNG AND BEAUTIFUL, COMO LANA

a veces voy caminando por la calle y de repente miro al cielo porque tengo la sensación de que un piano de juguete me va a caer encima. un piano de los que hacen ruidos de animales. siento que no soy lo suficientemente importante para el universo como para que un piano de verdad caiga del cielo justo encima de mi cabeza. a veces tengo la sensación de que cuando te hablo en tu cabeza oyes ruidos de animales.

sometimes i walk along the street and suddenly i'm looking at the sky because i have the feeling that a children's keyboard is going to fall on me. one of those keyboards that make animal noises. i feel as if i'm not important enough for the universe so that a real piano falls from the sky right on my head sometimes. i have the feeling that when i talk to you all you hear is animal noises.

BAILAS COMO UNA DIVINIDAD HINDÚ (SANTERÍA)

cuando seas vieja vas a estar loca y vas a vivir con un montón de
  ballenas del ártico
y los niños del barrio te van a conocer como la loca de las ballenas
  del ártico.
las ballena se comunicarán entre sí por ultrasonidos y tú te
  comunicarás con ellas
colgando peces muertos en los pomos de las puertas y controlando la
  frecuencia
con que miras por la ventana para ejercer tu derecho a no entender
  el paisaje.
eres una ciudad que nunca duerme porque no puede dormir con
  otras ciudades al lado.
tienes un sexto sentido para mirar al mar.
tienes un cuerpo perfecto para tropezarte con las esquinas de las cosas.
con mentiras diminutas puedes provocar cambios enormes en el
  estado de ánimo de las personas.
has heredado la colección de fracasos de tu padre y la virginidad de
  tu madre.
sabes distinguir una comedia romántica cuando la ves.
hablas con la gente para que las cosas se pongan celosas.
por cada decisión correcta tomas mil decisiones erróneas y las
  decisiones erróneas
se ríen de la decisión correcta y la empujan contra las taquillas y le
  provocan
trastornos alimenticios y ahora la decisión correcta prefiere no ir a
  clase y quedarse en casa
viendo porno protagonizado por dilemas existenciales adolescentes
  de europa del este.
cuando acaba el día piensas en toda la gente que no debería haber
  acabado el día.
llaman al timbre: es el novio de tu mejor amiga que viene a ayudarte
  con las matemáticas.
sacas un paquete de galletas y le pides a tu madre lo más parecido
  que tenga a la intimidad.

YOU DANCE LIKE AN INDIAN GODDESS (SANTERÍA)

when you're old you'll be crazy and you'll live with a ton of arctic
     whales
and the kids in the neighborhood will know you as the crazy arctic
     whale lady.
the whales will communicate with each other by ultrasound and
     you'll communicate with them
by hanging dead fish on the doorknobs and controlling the
     frequency
of how much you look out the window to exercise your right to not
     understand the scenery.
you're a city that never sleeps because it can't sleep with other cities
     by its side.
you have a sixth sense for looking at the sea.
you have the perfect body for stumbling into the corners of things.
with tiny lies you can induce huge changes in people's mood.
you have inherited your dad's collection of failures and your mom's
     virginity.
you know how to recognize a romantic comedy when you see it.
you talk to people so things become jealous.
for each right decision you make a thousand wrong decisions and
     the wrong decisions
laugh at the right decision and slam it against the lockers and give it
eating disorders and now the right decision doesn't want to go to
     class and just stays home
watching porn starring the existential dilemmas of eastern
     european teenagers.
at the end of the day you think about all the people who shouldn't
     have made it through the day.
the doorbell rings: it's your best friend's boyfriend here to help you
     with math.
you grab a box of cookies and ask your mom for the closest thing to
     privacy you can get.
your hands touch when they try to wipe the saliva he spits as he says
     your name.

vuestras manos se tocan al intentar limpiar la saliva que escupe al
pronunciar tu nombre.

cree que te conoce porque sabe que sabes que la tangente de 45° es
igual a uno.

he thinks he knows you because he knows that you know that the tangent of 45° is equal to one.

por favor, ignórame más despacio que si no no me entero.

no te entiendo,

cómo quieres que empiece de cero, si aún sigo contando con los dedos.

no lo entiendes?

todos los pasillos de mi cuerpo están decorados con fotos de tus dientes.

encajamos como dos placas tectónicas de planetas diferentes.

quiero convertirme en una placa tectónica y que tú te conviertas en una placa tectónica.

quiero que la especie humana peligre cada vez que nos toquemos.

quiero sustituir todas las escenas de desnudos de mi vida por tiroteos o darme cuenta accidentalmente de que no entiendo tus rodillas.

por favor, muérete antes de que sea demasiado tarde.

mírame a los ojos y dime cosas que no necesite comprobar en wikipedia.

pega tu oreja contra mi barriga para calcular el tiempo que llevamos sin vernos.

todo lo que te dé tiempo a tocar antes de que amanezca es tuyo.

todas las indirectas que te lanzo se chocan contra la espalda sudada de tu novio.

todo lo que quieras sentir ya lo ha sentido antes un niño asiático con el pelo rosa.

ya me odiaba a mí mismo antes de que intentaras ponerlo de moda.

eres todo el universo concentrado en una galleta con forma de dinosaurio.

nunca vamos a estar lo suficientemente cerca como para no necesitar estar cerca del sol.

preferiría que no vinieses a mi casa con esa cara de metáfora estropeada.

preferiría que no vinieses a mi funeral con esa camiseta de nirvana.

soy vulnerable cuando usas tus manos para convencerme de que plutón es un planeta.

seguro que a mi edad la tierra también se mareaba de dar tantas vueltas.

quiero chocarme contra todos los muebles de tu habitación antes de que te canses de mí.

please, ignore me slower if not i can't understand you.

i can't understand you,

how do you want me to start from zero if i still count with my fingers.

don't you understand?

every hallway of my body is decorated with pictures of your teeth.

we fit together like two tectonic plates from different planets.

i want to turn into a tectonic plate and i want you to turn into a
tectonic plate.

i want the human species to be at risk every time we touch.

i want to replace all the naked scenes in my life with gun shootings
or to accidentally realize that i don't understand your knees.

please, die before it's too late.

look me in the eyes and tell me things i don't have to look up on
wikipedia.

put your ear against my belly to calculate how long it's been since
we've seen each other.

everything you can touch before the sun rises is yours.

all the insinuations i throw at you crash into your boyfriend's
sweaty back.

everything you've wanted to feel, some asian kid with pink hair has
already felt it.

i already hated myself before you tried to make it a trend.

you're the whole universe concentrated in one dinosaur-shaped cookie.

we'll never be so close that we won't need to be close to the sun.

i'd prefer you didn't come to my house with that broken metaphor of
a face.

i'd prefer you didn't come to my funeral with that nirvana t-shirt.

i'm vulnerable when you use your hands to convince me that pluto
is a planet.

i'm sure when the earth was my age it must have gotten sick after
spinning around so much.

i want to bump into all the furniture in your room before you get
tired of me.

i want to be the only connection between the inside of your brain
and outer space.

quiero ser la única conexión entre el interior de tu cabeza y el espacio exterior.

quiero transformar mis manos en una parte de tu cuerpo con la que no te sientes cómoda en público.

quiero presumir de ti delante de mis electrodomésticos.

quiero que sepas cómo me siento con solo ver la posición de mis manos.

quiero que sepas cuándo necesito un abrazo con solo verme rechazar abrazos de otras personas.

ya no hay dinosaurios pero por favor no pares de protegerme de ellos.

i want to turn my hands into a part of your body that you don't feel
    comfortable with in public.
i want to show you off in front of my electric appliances.
i want you to understand how i feel by looking at my hands.
i want you to know when i need a hug by watching me rejecting
    hugs from others.
there are no dinosaurs anymore but please don't stop protecting me
    from them.

CADA VEZ QUE INTENTO VOLAR ME CAIGO, SIN MIS ALAS ME SIENTO TAN PEQUEÑO

me siento solo cuando oyes voces en tu cabeza que te mandan
   exterminar a la humanidad.
me muevo descalzo chocándome contra gente desnuda.
me consuelo pensando que al menos el cuerpo humano no tiene esquinas.
todas las alas que consigo dejan de funcionar los domingos por la mañana.
me veo reflejado en la pantalla del móvil y no sé si está rota o el que
   está roto soy yo.
me despiertan los gemidos de mis vecinos y cuando miro la hora en
   el móvil
me veo reflejado en la pantalla y no sé si está rota o el que está roto soy yo.
me dan miedo los fantasmas que tienes escondidos en el pelo.
doy vueltas en la cama como si rodando fuese a conseguir llegar al cielo.
quieres que te espere en la puerta de tu casa con el coche,
pero te da igual lo que tenga que tomar para conseguir dormir por
   las noches,
cuando te dejo en casa antes de que a tu madre se le pase el efecto del
   alprazolam.
me siento como un copo de nieve cayendo en el charco en el que
   acabas de vomitar.
mi barriga hace el mismo ruido que un helicóptero pero aún así no
   puedo volar.
siempre estoy llegando tarde a las vidas de las personas.
creo que estoy tratando de olvidar y recordar las mismas cosas.
no puedo prometerte que vaya a mantenerme vivo
para ver cómo me vas sustituyendo poco a poco por una planta de plástico.
me siento afortunado de compartir mi mala suerte contigo.
me siento como si acabase de romper un espejo sin tocarlo.
todos mis órganos orbitan irregularmente alrededor de mi hígado.
me despiertan los gemidos de mis vecinos y solo me doy cuenta de
   que no estoy contigo
cuando me veo reflejado en la pantalla del móvil y no sé si está rota
   o el que está roto soy yo.
si fuera por mí podrías mirar directamente el sol todo el tiempo que
   quisieras
sin quedarte ciega.

WHENEVER I TRY TO FLY I FALL,
WITHOUT MY WINGS I FEEL SO SMALL

i feel lonely when you hear voices in your head that order you to
exterminate humanity.
i move barefoot bumping into naked people.
i console myself thinking that at least the human body doesn't have
corners.
every time i get wings they stop working on sunday morning.
i see my reflection on my phone's screen and i don't know if it's
broken or i am the broken one.
my neighbors wake me up with their moans and when i look up the
time on my phone
i see my reflection on the screen and i don't know if it's broken or i
am the broken one.
i'm afraid of the ghosts hidden in your hair.
i toss and turn as if i'd get to the sky by rolling.
you want me to wait in front of your house with my car,
but you don't care what i have to take to sleep at night,
when i drop you off at home before the alprazalam's effect wears off
on your mom.
i feel like a snowflake falling on the puddle where you just vomited.
my belly makes the same noise as a helicopter but still i can't fly.
i always arrive late to other people's lives.
i think i'm trying to forget and remember the same things.
i can't promise i'll stay alive
to watch you slowly replace me with a fake plant.
i'm grateful for sharing my bad luck with you.
i feel as if I just broke a mirror without touching it.
all my organs orbit irregularly around my liver.
my neighbors wake me up with their moans and i realize i'm not
with you
when I see my reflection on my phone's screen and i don't know if
it's broken or i'm the broken one.
if it were up to me you'd be able to look directly at the sun as long as
you want
and not go blind.

AZÚCAR CALIENTE (NECESITO UNAS VACACIONES FUERA DE MI CUERPO)

originalmente fui diseñado para llorar en la ducha los fines de semana pero con el paso del tiempo te olvidaste de por qué me habías comprado y empezaste a usarme para dar celos a tu ex novio.

algunos de mis mejores amigos son electrodomésticos.

me siento más cómodo alrededor de gente que me trata como un objeto porque no necesito moverme para satisfacer sus expectativas.

el lunes perdí 5 kilos escribiéndote un mensaje justo antes de dormir.

el martes llamé al tarot para pedir consejo sobre si debería salir de la cama.

el miércoles seguía en la cama aunque el tarot me había dicho que saliese.

estoy escribiendo tu nombre con sudor en esta camiseta de propaganda.

cada vez que te miro estoy pensando 10 maneras distintas de dejar la mente en blanco.

quiero hacer cosas que solo entiendan los seres vivos que se comen a sus crías.

noto como la droga acorrala a mis pensamientos en la parte de atrás de mi cerebro

y me tranquiliza que estés secuestrada en un cuerpo al otro lado del mundo.

wow, hacía casi 5 minutos que no me sentía tan mal.

casi siempre me invento la respuesta cuando alguien me pregunta "qué tal".

HOT SUGAR (I NEED A VACATION OUTSIDE MY BODY)

originally i was designed to cry in the shower every weekend.
but as time passed by you forgot why you bought me
and you started to use me to make your ex-boyfriend jealous.
some of my best friends are electric appliances.
i feel more comfortable around people who treat me like an object
because i don't need to move to fulfill their expectations.
on monday i lost ten pounds writing you a message right before
    going to sleep.
on tuesday i called the tarot hotline to see if i should get out of bed.
on wednesday i was still in bed even though the tarot hotline told
    me to get out.
i'm writing your name in sweat on this printed t shirt.
every time i look at you i think up ten different ways to make my
    mind go blank.
i want to do things only animals that eat their babies can
    understand.
i feel how drugs back my thoughts into a corner in the recesses of
    my mind
and it soothes me that you are trapped in a body on the other side of
    the world.
wow, it's been almost 5 minutes since I've felt this bad.
i make up an answer almost every time somebody asks me "how are
    you doing?"

nunca tendremos el dinero suficiente como para que anteponer
nuestra felicidad a él tenga mérito.
nunca tendremos el dinero suficiente
nunca
perdón por las cosas que dije mientras estábamos desnudos.

we'll never have so much money that putting our happiness before it
   feels merited.
we'll never have enough money
never
sorry for the things i said when we were naked.

AHORRA AGUA, MUERE DESHIDRATADO

mi camello y mi madre
están demasiado cerca
en mi lista de contactos.

SAVE WATER, DIE DEHYDRATED

my dealer and my mom
are too close
on my contact list.

CUANDO YA NOS HABÍAMOS
ACOSTUMBRADO A LA LLUVIA DE REPENTE
EMPEZARON A LLOVER PARAGUAS

cuando ya me había acostumbrado a tus ojos de repente cambiaron
    de color.
estoy en una nube pero tú estás enfadada porque dices que te tapo el sol.
estoy intentando crear un recuerdo agradable con la ayuda de tu pelo.
hemos pasado toda la tarde construyendo un avión de papel
pero ahora lo estamos usando como pañuelo.
me siento bien viéndote bailar entre dos enfermedades.
me muevo como pez en un agua contaminada por drogas y fluidos
    corporales.
te necesito para poner en práctica todo lo que sé sobre el siglo xxi.
te necesito como el verbo necesitar
necesita el pronombre personal átono de segunda persona del singular.
el ser humano descubrió las drogas por casualidad cuando estaba
    buscando comida.
descubrí cucarachas por casualidad cuando estaba buscándote en mi
    habitación.
si yo fuera el universo en vez de expandirme intentaría hacerme
    cada vez más pequeño
hasta que pudieses guardarme en el bolsillo de atrás del pantalón
y tirarme al suelo sin querer al sacar un cigarro.
es genial que ya no necesitemos estar lejos el uno del otro para
    sentirnos distanciados.
conozco un lugar al que podemos ir a apagarnos poco a poco.
un aeropuerto abandonado en el que nadie nos va a decir nada
cuando miremos al cielo y pensemos que está roto.
una casa vacía en la que podemos rebotar de pared a pared como el
    logo de dvd.
si sabes cuál es la fórmula de la felicidad escríbemela en este pañuelo
    de papel.
intentaré no limpiar mis lágrimas con él.
es genial que estemos vivos al mismo tiempo
y que tengamos el tiempo libre suficiente
para entender lo improbable que era que eso pasase.

WHEN WE HAD ALREADY GOTTEN USED TO
THE RAIN IT STARTED POURING UMBRELLAS

when i was already used to your eyes they suddenly changed color.
i'm on cloud nine but you're mad because you say i'm in your light.
i'm trying to create a nice memory with the help of your hair.
we've spent the afternoon building a paper airplane
but now we're using it as a tissue.
i feel good seeing you dancing between two diseases.
i move like a fish in a waters polluted with drugs and bodily fluids.
i need you so i can put into practice all i know about the 21st century.
i need you the way the verb *to need*
needs the second-person singular personal pronoun.
human beings discovered drugs by chance when they were looking
    for food.
i discovered cockroaches by chance when i was looking for you in
    my room.
if i were the universe instead of expanding i would try to make
    myself smaller
until you could keep me in the back pocket of your pants
and accidentally drop me when getting a cigarette.
it's great we no longer need to be apart to feel distant from one
    another.
i know a place we can go to slowly fade away.
an abandoned airport where none will bother us
when we look at the sky and think it's broken.
an empty house where we can bounce from wall to wall like the dvd
    logo.
if you know the happiness formula write it down on this tissue.
i'll try not to dry my tears with it.
it's great we're alive at the same time and we have enough free time
to understand how improbable this was.
i want to be small enough
for you to mistake me for a big cockroach
and step on me and kill me.
we're selfish and we hoard all the fears in the universe inside our
    bodies,

quiero ser lo suficientemente pequeño
como para que me confundas con una cucaracha grande
y me pises y me mates.
somos egoístas y acumulamos en nuestros cuerpos todos los miedos
    del universo,
por nuestra culpa hay gente que no puede tener miedo en el tercer
    mundo.
me siento bien viéndote bailar entre dos enfermedades.
tienes todo lo que busco en una catástrofe humanitaria.
qué ganas de recordar esto dentro de un tiempo.

it's because of us there's people in the third world who can't feel fear.
i feel good seeing you dancing between two diseases.
you've got all i look for in a humanitarian crisis.
i feel good,
can't wait to remember this sometime in the future.

TENÍAN VEINTE AÑOS Y ESTABAN LOCOS
Y ALGO DEPRIMIDOS (LORAZEPAM)

Lo que debería estar pasando no es nunca lo que pasa
—Martín Rangel

necesito que alguien cuide de mis plantas mientras yo estoy fuera.
necesito que alguien cuide de mi cuerpo mientras yo estoy dentro.
llevo todo el día desnudo porque no sé hacer dos cosas a la vez. llevo
    todo el día llorando
porque el ruido que haces al hacer algo define esa acción mejor de lo
    que tú lo harías.
necesito tragarme la causa y el efecto de sentirme seguro de mí
    mismo y luego vomitarlo
y luego arrepentirme y luego limpiarlo rápidamente
y que la experiencia me ayude a crecer como persona o como planta
    de plástico.
la gente tiene maneras más ridículas de crecer deforme que por
    culpa de la luz del sol.
la gente necesita protección pero quién nos protege de las necesidades
y es que cuando viene la oscuridad nadie se atreve a tener miedo a
    hacerse mayor.
necesito el equivalente en drogas a aquella vez que nos hicimos
    adictos al porno en hd juntos.
necesito un saludo para cuando me encuentre conmigo mismo
que se base en meter la cabeza entre las rodillas y estar en contra del
    movimiento.
si algún día me encuentro a mí mismo voy a hacer como que no me
    conozco.
llevo todo el día llorando porque me arrepiento de no haberte dicho
lo mucho que nos beneficiaba no dejarnos crecer como personas.
voy a dibujarte un corazón en el vaho de la ventana
xy luego voy a echarme a perder hasta que no merezca la pena
    reaccionar
y voy a suscribirme a alguien que me garantice un tiempo limitado
    de sensaciones ilimitadas.

THEY WERE TWENTY AND CRAZY AND
A LITTLE DEPRESSED (LORAZEPAM)

What should be happening is never what happens.
−Martín Rangel

i need someone to take care of my plants while i'm away.
i need someone to take care of my body while i'm inside.
i've been naked all day because i can't do two things at once.
i've been crying all day because the sound you make when you're
     doing something defines that action better than you would.
i need to swallow the cause and effect of being self-confident
and then throw up and then regret it and then clean it up quickly
i hope the experience helps me grow as a person or as an artificial
     plant.
there're more ridiculous ways of growing up deformed than due to
     sunlight.
people need protection but who will protect us from our needs
and when darkness comes nobody will dare be afraid of growing up.
i need the equivalent in drugs to that time we became addicted to hd
     porn together.
i need a greeting for when i end up running into myself
one hat consists of putting my head between my knees and stopping
     the spins.
if someday i run into myself i'm going to pretend i don't know me.
i've been crying all day because i regret not telling you
how much it benefitted us not letting each other grow as people.
i'm going to draw you a heart in the steam against the window
and then i'm going to break the window and the heart to see how
     they look from the inside
and then i'm going to spoil myself until i'm not worth reacting to
and i'm going to subscribe to someone that guarantees a limited time
     of unlimited sensations.
you'd need to see me in at least ten dimensions to convince yourself
     that i'm useful in your life.
i need someone to help me destroy capitalism
while we wait for the train.

necesitarías verme al menos en 10 dimensiones para convencerte de
    que puedo ser útil en tu vida.
necesito que alguien me ayude a destruir el capitalismo
mientras esperamos al metro.
necesito que alguien me ayude a sacar defectos
de las partes de mi cuerpo que no veo
de las que no puedo sacarme defectos yo mismo.

i need someone to help me find faults
in the parts of my body i can't see
where i can't find faults myself.

VAMOS A MORIR JOVENES O VAMOS
A VIVIR PARA SIEMPRE

So when the director yells cut, I'll be fine.

I'm forever young.

—Jay Z, "Young Forever"

estoy esperando mi turno para morir pero según los periódicos se me está colando todo el mundo.

tengo la sensación de que hay alguien más conmigo en la habitación pero sé perfectamente que estoy solo y que aunque gastase todos mis ahorros en mudarme a una casa encantada me seguiría sintiendo igual de solo. me siento en peligro al pensar en la idea de vivir en una casa encantada pero es un peligro agradable como el que sientes cuando robas ropa interior en zara o cuando conoces a alguien más guapo que tú o cuando estás al borde de un acantilado y no estás seguro de si va a haber alguien detrás de ti dispuesto a empujarte.

hoy he descubierto que si meto la cabeza en la lavadora puedo sentirme como si alguien me quisiera.

desde aquí no puedo ver el cielo pero creo que esté donde esté debe de estar estropeado. creo que alguien siente las mismas cosas que yo 5 minutos antes de que yo las sienta y cuando yo las siento ya están usadas, gastadas y pegajosas. creo que mi vida sería totalmente diferente si me peinase el flequillo hacia el otro lado. creo que en mi anterior vida debí de portarme fatal para que mi castigo haya sido reencarnarme en esto. tengo ganas de volar pero no las suficientes como para dedicarme profesionalmente a volar. tengo ganas de morir pero no las suficientes como para poner en práctica todo lo que sé sobre la muerte. creo que si viviese para siempre me daría tiempo a acumular las ganas de morir suficientes como para decidirme a suicidarme.

creo que pienso demasiado en ti para lo poco que me he esforzado por que pienses en mí.

WE'RE GOING TO DIE YOUNG OR LIVE FOREVER

So when the director yells cut, I'll be fine.
I'm forever young.

—Jay Z, "Young Forever"

i'm waiting for my turn to die but according to the newspapers everyone's in line.

i have the feeling that there's someone else with me in the room but i know perfectly well that i'm alone and that even if i spent all my savings on moving into a haunted house i'd still feel this lonely.
i feel at risk thinking about the idea of living in a haunted house but it's a pleasant risk like when you steal underwear at zara or when you meet someone more beautiful than you or when you're at the edge of a cliff and you're not sure if there's anyone behind you willing to push you.

today i found out that if i put my head inside the washing machine i can feel as if someone loved me.

from here i can't see the sky but i think that wherever it is it must be broken. i think that someone feels the same things i feel 5 minutes before i feel them and when i feel them they're used, worn out and sticky. i think that my life would be completely different if i wore my bangs on the other side. i think that in my previous life i must have behaved so terribly that my punishment has been to be reincarnated into this. i feel like flying but not enough to dedicate myself to it professionally. i feel like dying but not enough to put into practice everything i know about death. i think if i lived forever i would have time to gather enough desire to die to make the decision to kill myself.

i think i think about you too much compared to the little effort i've made to make you think about me.

SPRING BREAKERS (LUCES DE NEÓN)

Just pretend it's a video game. Like you're in a fucking movie.
—**Harmony Korine**, *Spring Breakers*

me he olvidado las llaves de casa en tu boca y he tenido que dormir
    en la calle.
he hecho demasiado zoom en tu cuerpo y ahora te siento cerca pero
    te veo borrosa.
he ido hasta el infierno y he vuelto a tiempo para convencerte de que
    fue un viaje de negocios.
he escrito una novela sobre nosotros y la he titulado
"cosas que sería capaz de hacer con un cuerpo que funcionase bien".
se me ha ocurrido que podría ser divertido dejar que me arruines la vida.
he decidido dejar que creas que la idea ha sido tuya.
he tenido que morirme tres veces para que te lo creyeras.
he empezado el juego con 5 vidas y ya he gastado 4 intentando
    definir el concepto "vida".
me he quedado encajado en el hueco que hay entre tus expectativas y tú.
he perdido el número de teléfono de la noción del tiempo.
he conseguido que pienses en mí un par de veces al día.
si estuviera en un concurso de la tele me plantaría con eso para no
    perderlo todo,
pero no estoy en la tele,
estoy sentado en el suelo de mi habitación,
intentando ponerle un nombre
al monstruo que vive en el cajón de la ropa interior
que a veces confundo contigo,
cuando apago las luces
para intentar sentirme mejor.
he saltado de un puente y he aterrizado por sorpresa entre tus dientes.
he tocado techo pero me ha dado igual
porque no estabas en la habitación.
he roto el techo pero me ha dado igual
porque para ver las estrellas tengo de sobra con mi medicación.
de todas las veces que te conozca en próximas reencarnaciones
solo voy a acordarme de tu nombre una.

SPRING BREAKERS (NEON LIGHTS)

Just pretend it's a video game. Like you're in a fucking movie.
  —Harmony Korine, *Spring Breakers*

i forgot my house keys in your mouth and i had to sleep in the street.
i zoomed too much into your body and now i feel you close to me but
    you're blurry.
i went to hell and i came back just in time to convince you that it
    was a business trip.
i wrote a novel about us and i called it
"things i could do with a body that worked well."
it occurred to me that it could be fun letting you ruin my life.
i decided to let you think it was your idea.
i had to die three times for you to believe it.
i started the game with 5 lives and i already wasted 4 trying to
    define the concept of "life."
i got stuck in the space between your expectations and you.
i lost the notion of time's phone number.
i managed to get you thinking about me twice a day.
if i was in a tv contest i would cut my losses so i don't lose it all,
but i'm not on tv,
i'm sitting on my bedroom floor,
trying to give a name
to the monster that lives in my underwear drawer
that sometimes i mistake for you,
when i turn off the lights to try to feel better.
i jumped off a bridge and i landed by surprise between your teeth.
i reached the ceiling but i didn't care
because you weren't in the room.
i broke the ceiling but i didn't care
because my medication is more than enough to see the stars.
of all of the times i'll meet you in future reincarnations
i'll only remember your name once.
if my life was a movie i'd download it with subtitles
because a lot of times i don't know what to say when i see you in it.

si mi vida fuera una película me la descargaría con subtítulos
porque muchas veces no sé qué decir cuando te veo en ella.
en el final de mi vida me encontrarás buscando tu nombre en los
    créditos de cierre.
en el final alternativo de mi vida descubro que yo no era el
    protagonista.
qué canción vas a estar escuchando cuando el juez diga mi nombre?
qué tengo que estudiar para que seamos felices el viernes por la noche?
cuánto crees que tardarían en echarnos por tu culpa si estuviéramos
    en un museo?
por qué parte de tu cuerpo prefieres que empiece a ignorarte?
crees que existe la vida destrozada por las drogas en otros planetas?
de qué color crees que sería la tierra si tú y yo no estuviéramos en ella?

at the end of my life you'll find me looking for your name in the
    closing credits.
in the alternative ending of my life i discover that i wasn't the
    protagonist.
what song will you be listening to when the judge says my name?
what do i have to study for us to be happy on a friday night?
how long do you think it'll take them to kick us out because of you if
    we were in a museum?
what part of your body do you want me to start ignoring first?
do you think that a life ruined by drugs exists on other planets?
what color do you think the earth would be if you and i weren't on it?

no sé tocar las cosas sin que parezca que las quiero usar.
no sé si tengo hambre o es que hace mucho que no hablamos.
quiero salir corriendo pero me da miedo no saber cuándo parar.
quiero estar callado delante de ti y que eso deje marcas en tu piel.
quiero ser consciente de mis limitaciones durante el día
y que eso me haga estar agotado por las noches.
quiero que aprendas lo que es el amor
y que se te olvide cuando tengas que explicarlo delante de mucha gente.
estoy incómodo dentro de la comodidad de saber que
haga lo que haga
no voy a dejar de estarlo.
a veces me gustaría que estar triste fuese mi trabajo
para tener un chofer que me llevase de la cama a la ducha.
me aíslo de la gente que me rodea para estar completamente seguro
de que la culpa de mis problemas es solo mía.
a veces abro la ventana y miro al cielo y me siento diminuto
respecto a las expectativas que la gente tiene del cielo,
y pienso en la intersección entre mi zona de confort
y la pared morada de tu habitación,
y pienso en todas las cosas que no me han matado
y te imagino haciéndolas en pijama un sábado por la tarde,
y uso tu cuerpo para medir la distancia entre mis objetivos y yo.
cada vez que te toco mis manos descubren un nuevo planeta
no apto para la vida de más de un ser humano.
desde aquí te veo mirando a la cámara con los ojos rojos y los dientes
    separados.
ojalá estuvieses un poco más cerca para que pudiese tocarte
o un poco más lejos para que ni siquiera lo intentase.

i don't know how to touch things without it looking like i want to
use them.

i don't know if i'm hungry or if it's been a long time since we last
talked.

i want to run away but i'm afraid i won't know when to stop.

i want to be quiet before you and let it leave marks on your skin.

i want to be aware of my limitations during the day

and let them exhaust me at night.

i want you to learn what love is

so you forget it when you have to explain it in front of a lot of people.

i'm uncomfortable with the comfort of knowing that

whatever i do

i'll always be.

sometimes i'd like to be sad for a living

to have a private driver that takes me from my bed to the shower.

i isolate myself from the people around me to be completely sure

that the root of all my problems begins and ends with me.

sometimes i open the window and look up at the sky and feel tiny

compared to the expectations people have about the sky,

and i think about the intersection between my comfort zone

and the purple wall in your room,

and i think about all of the things that haven't killed me

and i imagine you doing them in your pajamas on saturday night,

and i use your body to measure the distance between my goals and
myself.

every time i touch you my hands discover a new planet

not suitable for the life of more than one human being.

from here i see you looking at the camera with your red eyes and
separated teeth.

i wish you were a bit closer so i could touch you

or a bit farther away so i wouldn't even try.

STARDUST (NOCHES TRISTES DE VERANO)

no soy feliz pero podría serlo si me lo pidieses con suficiente antelación.

mira cómo pierdo los mejores años de mi vida intentando entenderla.

mira cómo invado tu espacio vital con mi ejército de mensajes sin
contestar.

veo todo lo que hago desde la perspectiva de una cámara de seguridad.

la voz que oigo en mi cabeza es la misma que la de la megafonía del
metro.

cada vez que hago algo que me gusta pierdo un año de vida
que vuelvo a encontrar cuando dejo de hacerlo y me deprimo
y parece que voy a tener que estar vivo para siempre.

voy a crear una nueva raza que evolucione a partir de los cereales
porque evolucionar a partir de un animal no ha funcionado muy bien.

voy a crear un planeta que en vez de ser esférico tenga forma de tobogán
para que el paso por él sea más rápido, ordenado y divertido.

vamos a pedir trabajo metiendo el curriculum en una botella vacía y
lanzándola al río.

cuando estoy contigo no me gusta que otras personas te hablen
porque me pone celoso que ignores a otras personas.

llevo 20 años cayendo desde lo alto de un rascacielos
y cuando toque el suelo los zapatos que me regalaste
ya me van a quedar pequeños.

me da vértigo pensar que tu melena pueda acabarse en cualquier
momento.

es casi la hora de comer y sigo en la cama viendo vídeos de un niño
prodigio
que con 6 años ya se quedaba despierto toda la noche viendo vídeos
de niños prodigio.

voy a reducir el brillo de tus ojos para que aguantes más tiempo
despierta.

voy a empezar a pagar dinero a la gente para que deje de predecirme
el futuro.

mira, mi cuerpo es mal conductor de la felicidad.

mira, adolescentes deprimidas buscan compañía en tu ciudad.

mi alma abandonó mi cuerpo un viernes por la noche y cuando
volvió a la mañana siguiente

STARDUST (SAD SUMMER NIGHTS)

i'm not happy but i could be if you asked well in advance.
look how i waste the best years of my life trying to understand it.
look how i occupy your vital space with my army of unanswered texts.
i see everything i do from the point of view of a security camera.
the voice i hear in my head is the same as the subway loudspeaker.
every time i do something that i like i lose one year of life
which i find again when i stop doing what i like and feel depressed
and seems like i'll have to be alive forever.
i'm going to create a new race that evolves from cereal
because evolving from an animal hasn't worked out that well.
i'm going to create a planet that instead of being round has the shape
    of a slide
so that going through it is faster, tidier, and more fun.
we're going to apply for jobs putting our résumé inside an empty
    bottle and throwing it in the river.
i don't like other people talking to you when i'm with you
because i get jealous when you ignore other people.
i've been falling from the top of a skyscraper for 20 years
and when i touch the ground the shoes that you gave me
will already be too small for me.
i get dizzy thinking that your hair could end at any time.
it's almost lunch time and i'm still in my bed watching videos of a
    child prodigy
who at 6 years old could already stay awake all night watching videos
    of child prodigies.
i'm going to reduce your eyes' brightness so that you stay awake longer.
i'll start giving people money so they stop predicting my future.
look, my body is a bad happiness conductor.
look, depressed teenagers seeking company in your city.
my soul left my body one friday night and when it came back the
    next morning
an anxiety crisis had taken its place and now it wanders aimlessly on
    the internet
and it can be found in bars with wifi connection on a full moon night.
look, nobody remembers the first cloud in history.

una crisis de ansiedad le había quitado el sitio y ahora vaga sin
    rumbo por internet
y puede ser vista en bares con wifi las noches en que hay luna llena.
mira, ya nadie se acuerda de la primera nube de la historia.
mira, mi secreto de belleza es tener las pupilas dilatadas.
mira, dos placas tectónicas discutiendo en medio del océano
por ver quién tiene la culpa del terremoto que nos hizo vomitar.
mira, pizza para desayunar.
crees que me conoces porque el 80% de mi cuerpo es agua y tú nunca
    te has ahogado.
quiero que google maps me diga cuánto voy a tardar en sentirme
    mal cuando pase por delante de tu casa.
quiero salir corriendo en tantas direcciones que no puedo moverme
    del sitio.
mi vida es una montaña rusa en la que en cada vuelta aparece una
    curva nueva.
creo que me siento solo pero necesito una segunda opinión.
somos independientes porque creamos nuestros propios insultos.
somos adolescentes atrapados en las tomas falsas de películas para
    adultos.
quiero no ser capaz de controlar lo que siento por ti.
quiero que los servicios sociales me quiten esos sentimientos
y se los den a una persona más estable económica y emocionalmente.
quiero ser lo suficientemente pequeño como para que puedas
    tirarme al váter por error.
internet me ofrece tantas maneras de morir que me cuesta elegir una.
muertes con luces de colores;
muertes respetuosas con el medio ambiente;
muertes por fascículos;
muertes fabricadas a mano en las cloacas de un barrio pijo de japón:
muerte gratis si apareces en menos de un minuto en mi habitación.
levanto con ropa sucia un monumento en honor a la gente por la
    que me la quité.
pregunto la hora aunque ya sé que llego tarde aunque no sé adónde.
si me esfuerzo puedo conseguir que una empresa del sector
    farmacéutico

look, my beauty secret is having my pupils dilated.
look, two tectonic plates arguing in the middle of the ocean
about whose fault the earthquake that made us throw up was.
look, pizza for breakfast.
you think you know me because 80% of my body is water and you
    have never drowned.
i want google maps to tell me how long it will take me to feel bad
    when i pass by your house.
i want to run away in so many directions that i can't move from this
    spot.
my life is a rollercoaster where a new curve appears after every turn.
i think i feel lonely but i need a second opinion.
we're independent because we create our own swears.
we're teenagers trapped in the bloopers of adult movies.
i want to be unable to control what i feel for you.
i want social services to take away those feelings
and give them to a more financially and emotionally stable person.
i want to be small enough for you to flush me down the toilet by
    mistake.
internet offers me so many ways to die that i have a hard time
    choosing one.
deaths with colored lights;
eco-friendly deaths;
deaths in installments;
death's hand made in the sewers of a posh neighborhood in japan:
free death if you appear in my room in less than a minute.
i build a monument out of dirty clothes in honor of the people i took
    them off for.
i ask the time even though i know i'm already late although i don't
    know where i'm going.
if i make the effort i can get a pharmaceutical company
to sponsor our relationship
and give us money for insulting each other loudly
on the street at 5am.
if i ever have children i want you to design them
based on all you know about alien movies.
look we're young and we believe in aliens

patrocine nuestra relación y nos dé dinero por insultarnos a voces
   en la calle a las 5 am.
si alguna vez tengo hijos quiero que los diseñes tú
basándote en todo lo que sabes sobre películas de alienígenas.
mira, somos jóvenes y creemos en los extraterrestres
pero ni siquiera ellos creen en nosotros.
mira, somos jóvenes y tenemos el futuro en nuestras manos
pero no como algo que tenemos agarrado y bajo control
sino más bien como algo que has tocado
y que se te ha quedado pegado debajo de las uñas y entre los dedos
y que te hace sentirte incómodo cada vez que tocas algo.
voy a matar el tiempo hasta que el tiempo se atreva a matarme a mí.
en mi ombligo cayó un meteorito que iba a chocar contra la tierra
pero se distrajo mirando a la luna.
mira las grietas en la pantalla rota de tu móvil y entiende
que es la manera que tu móvil tiene de respirar.
mira las grietas de la pantalla rota de tu móvil
y entiende que de ellas van a crecer flores.
Entiende que la única función de tu estómago
es distraerte del dolor de otras partes de tu cuerpo.
el universo es una nevera gigante y nosotros somos yogures a punto
   de caducar
que nadie quiere comerse
pese a saber que no pasa nada por comer yogures caducados.
somos la reencarnación de yogures que caducaron el día que nacimos.
somos un universo surgido de una explosión de sabores.
mira, mi plan b es intentar olvidarme del plan a.
veo el futuro en mi reflejo en la pantalla del ordenador
mientras se va apagando poco a poco
porque llevo 5 minutos sin tocarla
porque llevo 5 minutos sin sacar las manos
del hueco que toda la gente que he conocido ha ido haciendo entre
   mis piernas.
veo el futuro borroso pero él no me ve a mí porque estoy escondido
   en mi cuerpo
haciendo como que hablo por el móvil,

but not even they believe in us.
look we're young and we have the future in our hands
not like something we have under control
but more like something that you touch
and that sticks under your nails and between your fingers
and that makes you feel uncomfortable every time you touch
      something.
i'm going to kill time until time dares to kill me.
on my belly button fell a meteorite that was going to crash against
      the earth
but got distracted looking at the moon.
look at the cracks on your phone's broken screen
and understand that's the way your phone breathes.
look at the cracks on your phone's broken screen
and understand that flowers will grow from them.
understand that the only function your stomach has
is to distract you from the pain in other parts of your body.
the universe is a huge refrigerator and we're yogurts about to expire
that nobody wants to eat
although they know it's okay to eat expired yogurts.
we're the reincarnation of yogurts that expired the day we were born.
we're a universe that grew from a burst of flavors.
look, my plan b is trying to forget plan a.
i see my future in my reflection on the screen of my computer
while it slowly darkens
because i haven't touched it in 5 minutes
because for 5 minutes i've had my hands
inside the hole between my legs that all the people i've met have made.
i see the future and it's blurry but it doesn't see me because i'm
      hiding inside my body
pretending i'm speaking on the phone
figuring out all the possible combinations of our moods
figuring out all the possible combinations of our bodies.
look, i'm a traffic light and i won't stop changing colors
until you tell me which one suits me better.
the light at the end of the tunnel is me writing the grocery list on
      my phone.

calculando todas las combinaciones posibles entre nuestros estados
    de ánimo,
calculando todas las combinaciones posibles entre nuestros cuerpos.

mira, soy un semáforo y no pienso dejar de cambiar de color
hasta que me digas cuál me queda mejor.

la luz al final del túnel soy yo escribiendo la lista de la compra en el
    móvil.

la primera vez que te vi supe que eras la persona adecuada
para no contestar a mis mensajes.

la primera vez que te vi estabas recaudando dinero
para salvar el matrimonio de tus padres.

vivo en el ojo de un huracán que lleva tres días colocado y sin dormir.

kebab para comer aquí o para llevar.

dos copas 10 euros, las tías entran gratis.

perdona, esa puerta es solo para salir.

si vas a vomitar avisa que paro el taxi.

si vas a vomitar avisa que vomitamos juntos.

soy un anuncio de colonia rodado en la parte de atrás de tus ojos.

si te fijas bien el sol siempre se esconde cuando nuestras sombras
    están a punto de mezclarse.

aprovecha el tiempo que te queda para calcular el daño que podrías
    hacerme si te quedases más.

no hace falta que te aprendas mi nombre porque voy a salir en la tele
    cuando te lo enseñe.

vas a necesitarme en tu vida hasta que hablando en sueños diga algo
    que te asuste.

te voy a atar a una silla y voy a obligarte a mirar cómo me voy
    quedando sin amigos.

the first time i saw you i knew you were the right person
for not answering my messages.
the first time i saw you you were raising money
to save your parents' marriage.
i live in the eye of a hurricane that's been high and sleepless for
    three days.
kebab for here or to go.
two drinks ten euro, girls get in free.
excuse me, that door is exit only.
if you're going to throw up let me know and i'll stop the cab.
if you're going to throw up let me know and we'll throw up together.
i'm a fragrance ad shot at the back of your eyes.
if you pay attention the sun always hides when our shadows are
    about to blend.
take advantage of the time you have left to figure out the harm you
    could do me if you stayed longer.
you don't have to learn my name because i'll be on tv when i show it
    to you.
you'll need me in your life until one night talking in my sleep i say
    something that scares you.
i'm going to tie you to a chair and i'll force you to see how i run out
    of friends.

LA PRÓXIMA VEZ QUE TE VEA MI CABEZA
SE VA A SEPARAR DEL RESTO DE MI CUERPO

y voy a aplastar mi cara contra la tuya para que nuestras emociones
ocupen menos espacio,

y vamos a tener enfermedades de colores que brillen en la oscuridad,

y voy a bailar borracho sobre tu tumba porque si no me emborracho
me da vergüenza bailar,

y voy a cambiar de sitio todas las partes de mi cuerpo a las que estés
acostumbrada,

y vamos a atracar un banco disfrazados de animales en peligro de
extinción,

y luego vamos a anteponer nuestra felicidad al dinero que hayamos
robado,

y voy a reorganizar la distribución del sistema solar para que allá
espacio suficiente para que podamos caernos los dos a la vez,

y vamos a hablar de nubes que parece que funcionan solo porque
están tan estropeadas como el resto del cielo,

y voy a pensar en todas las partes de tu cuerpo en las que no puedo
verme reflejado,

y vas a pensar en drogas que no te colocan si no las tomas con
alguien al lado,

y voy a construir una bomba casera usando una caja de cereales y 5
mensajes sin contestar,

y con el ruido de la explosión no me vas a oír cuando te diga adiós,

y vas a hacerme cicatrices con la forma del sistema solar y vas usar
mi espalda como cielo,

y voy a hablarte de una galaxia con forma de helado que en vez de
hacerse cada vez más grande se hace cada vez más triste,

y te voy a construir tu propia atmósfera con recortes de revistas del
corazón y bebidas energéticas,

y vas a construir una nave espacial con sábanas para investigar si hay
vida en mi espacio interior,

y voy a tener forma de agujero negro,

y vas a tener forma de cigarro sin acabar,

y voy a aprenderme de memoria tus dientes,

y voy a sentirme químicamente feliz,

THE NEXT TIME I SEE YOU MY HEAD WILL
SEPARATE FROM THE REST OF MY BODY

and i'll smash my head into yours so that our emotions occupy less
    space,
and we'll have colorful diseases that glow in the dark,
and i'll dance drunk on your grave because if i don't get drunk i'm
    too embarrassed to dance,
and i'll change the place of all the parts of my body you're used to,
and we'll rob a bank dressed up as endangered animals,
and then we'll privilege our happiness over the money we stole,
and i'll reorganize the distribution of the solar system so that there's
    enough space for us to fall at the same time,
and we'll talk about clouds that seem to function just because they're
    as broken as the rest of the sky,
and i'll think about the parts of your body i can't see my reflection in,
and you'll think about the drugs that don't get you high unless you
    take them with someone by your side,
and i'll build a homemade bomb using a cereal box and 5
    unanswered text messages,
and with the noise from the explosion you won't hear me say goodbye,
and you'll make a scar on my skin in the shape of the solar system
    and you'll use my back as the sky,
and i'll tell you about a galaxy in the shape of an ice cream that
    instead of becoming bigger becomes sadder,
and i'll build you your own atmosphere with scraps from celebrity
    magazines and energy drinks,
and you'll build a spaceship with sheets to find out if there's life in
    my inner space,
and i'll have the shape of a black hole,
and you'll have the shape of an unfinished cigarette,
and i'll learn your teeth by heart,
and i'll feel chemically happy,
and you'll tell me about your first knife,
and i'll have too much future,
and you'll have too much skin,
and i'll be the special guest to your drug addiction

y vas a hablarme de tu primer cuchillo,

y voy a tener demasiado futuro,

y vas a tener demasiada piel,

y voy a ser el invitado especial a tu caída en las drogas,

y vas a ser como un niño que solo envejece cuando llora,

y voy a leer tu horóscopo para ver si tú vas a leer el mío,

y vamos a llorar hasta que podamos escapar nadando,

y vamos a vivir en el punto medio entre un anuncio de colonia y
uno de ayuda humanitaria,

y vamos a morir jóvenes o vamos a vivir para siempre,

y voy a lamerte los ojos hasta que deje de parecerte algo raro,

como estar despierto mientras el resto del mundo duerme,

como sentirse solo en una habitación llena de gente,

como si te fueras a morir cuando te suelte el pelo.

tú y yo y la lavadora de mis vecinos viendo la tele el viernes por
la noche.

galletas con forma de dinosaurio y pastillas con la cara de las
tortugas ninja.

el flequillo en la cara y la pistola en la mano.

vives delante de un espejo

algunas de las balas que te disparo te dan

y otras dan en mi reflejo.

en un universo paralelo el ruido que hace mi barriga es la canción
del verano.

en algunas partes de tu cara las leyes del universo se transforman
en dibujos animados.

quiero dilatar mis pupilas hasta que tengas espacio suficiente para
bailar en ellas.

and you'll be like a child who looks old only when they cry,
and i'll read your horoscope to find out if you'll read mine,
and we'll cry until we can swim again together,
and we'll live in the space between a fragrance and a humanitarian
    aid advertisement,
and we'll die young or live forever,
and i'll lick your eyes until you stop thinking it's weird,
like being awake when the rest of the world sleeps,
like feeling lonely in a room full of people,
like if you were to die when i let go of your hair.
you and me and the neighbors' washing machine watching tv on a
    friday night.
dinosaur-shaped cookies and pills with the face of the ninja turtles.
my hair on my face and a gun in my hand.
you live in front of a mirror.
some of the bullets i shoot hit you
and others hit my reflection.
in a parallel universe the noise my belly makes is the summer hit.
in some parts of your face the laws of the universe turn into
    cartoons.
i want to dilate my pupils until you have enough space to dance in
    them.

FINAL FANTASY
(LIBRO TIBETANO DE LOS MUERTOS)

dime todas las palabras del mundo antes de decidir con cuál te vas
   a despedir.
grábame mientras me voy alejando de ti
para que luego lo repasemos juntos
y corrijamos las cosas que estoy haciendo mal.
cada noche antes de dormir
piensas en una persona que no soy yo
pero me da igual
porque cada noche antes de dormir
pienso que a la mañana siguiente
no me voy a despertar.
tenemos que sentirnos mal
porque las emociones buenas ya están todas cogidas.
me duele el móvil,
llevas meses sin hablarme y me duele el móvil.
fui al baño a drogarme y cuando salí ya te habías ido.
si no estuvieses tan lejos no tendría que hacer tanto ruido.
si no hubiese estado tan perdido
no te hubiese encontrado por el camino.
vivo huyendo de sitios a los que no recuerdo haber llegado.
vivo tumbado para que te cueste menos pisarme.
estoy intentando olvidarte por partes.
estoy demasiado colocado en medio de este desorden.
sé que llego tarde pero no sé adónde.
quedarme dormido sobre un cuchillo en movimiento
es la única manera que se me ocurre
de que mi cara refleje lo que siento.
no recuerdo haber decidido escribir este poema.
no tengo recuerdos en mi vida anteriores a este poema.
creo que tengo cáncer de bandeja de entrada.
creo que me sentiría orgulloso de mí mismo
si alguna vez viajases en el tiempo al pasado
solamente para evitar haberme conocido.
dejar de respirar parecía tan divertido

FINAL FANTASY
(TIBETAN BOOK OF THE DEAD)

tell me all the words on earth before deciding which one you'll use
    to say goodbye.
take a video of me while i distance myself from you
so that later we can go over it together
and correct the things i'm doing wrong.
every night before going to sleep
you think about someone that's not me
but i don't care
because every night before going to sleep
i think that i won't get up
the next morning.
we have to feel bad
because the good feelings are already taken.
my phone hurts,
you haven't talked to me in months and my phone hurts.
i went to the bathroom to take drugs and when i got out you were
    already gone.
if you weren't so far away i wouldn't have to make so much noise.
if i hadn't been so lost
i wouldn't have found you on my way.
all i do is run away from places i don't remember going.
i'm always lying down so that it's easier for you to step on me.
i'm trying to forget you in parts.
i'm too high in the middle of this mess.
i know i'm running late but i don't know where i'm going.
falling asleep on a moving knife
is the only way i can find to make my face reflect what i'm feeling.
i don't remember making the decision to write this poem.
i don't have memories from my life before this poem.
i think i have inbox cancer.
i think i'd feel proud of myself
if you ever travelled to the past
just to avoid meeting me.
not breathing seemed so much fun

que anoche nos cubrimos la cabeza con una bolsa de la compra,
pero ya está amaneciendo y aún seguimos vivos.
por favor, dime todas las palabras del mundo
antes de decidir con cuál te vas a despedir.
el océano atlántico es lo que más me gusta de ti.
los fantasmas que hay entre nosotros están teniendo hijos entre ellos.
la gente que hay a nuestro alrededor se limita a existir
e intentar que parezca que no están esforzándose demasiado en ello.
perdón por no ser capaz de salir de la cama,
perdóname si a veces parece que tu memoria es el campo de batalla,
perdóname si a veces parece que estoy más triste de lo que en verdad estoy.
perdóname si a veces parece que no sé qué día es hoy.
se supone que si miras una piedra el tiempo suficiente te conviertes
    en una.
intento sonreír pero el resultado se parece más a "lo siento", a
    "necesito ayuda",
a "pensé que podría arreglar las cosas dejando de pensar en ellas".
hoy he hablado con más plantas que personas.
estoy alejándome de ti a 5 pañuelos de papel por hora,
comiendo cereales sentado en el suelo de mi habitación,
adolescentes deprimidas de europa del este
tocándose en la pantalla de mi ordenador.
no sé para qué te enfadas y me clavas un cuchillo,
si a los 5 minutos siempre me pides perdón.
llevo 20 años escapando pero aún no estoy lo suficientemente lejos.
he caído en una trampa hecha de pelo.
por favor, dime todas las palabras del mundo
antes de decidir con cuál te vas a despedir.
el océano atlántico es lo que más me gusta de ti.
la línea recta es el camino más corto entre dos puntos
pero haciendo curvas vamos a tener mucho más tiempo para
    drogarnos juntos.
cuando deje de llover búscame llorando entre dos nubarrones.
cuando acabe la fiesta por favor no te olvides de mi nombre.
quiero olvidarte por partes.
no quiero morir demasiado joven.
no quiero morir antes de que intentes matarme.

that last night we covered our head with a plastic bag,
but the sun is already rising and we're still alive.
please, tell me all the words on earth
before deciding which one you'll use to say goodbye.
the atlantic ocean is what i like the most about you.
the ghosts between us are having children among them.
the people around us just exist and try to pretend
they're not making a big effort on it.
sorry for not being able to leave my bed,
forgive me if sometimes your memory looks like a battlefield,
forgive me if sometimes i look sadder than i really am.
forgive me if sometimes it looks like i don't know what day it is.
in theory if you look at a rock long enough you can become one.
i try to smile but the result looks more like "i'm sorry," like "i need
    help,"
like "i thought i could fix things by trying to stop thinking about them."
today i talked to more plants than people.
i'm getting away from you at 5 tissues per hour,
eating cereal sitting on my bedroom floor,
depressed eastern european teenagers
touching themselves on my computer screen.
i don't know why you get mad and stab me with a knife,
if you always apologize 5 minutes later.
i've been running away for 20 years but i'm still not far enough.
i fell into a hair trap.
please, tell me all the words on earth
before deciding which one you'll use to say goodbye.
the atlantic ocean is what i like the most about you.
a straight line is the shortest way between two points
but if we take turns we'll have much more time to get high together.
when it stops raining find me crying between two black clouds.
when the party is over please don't forget my name.
i want to forget you in parts.
i don't want to die too young.
i don't want to die before you try to kill me.

Una noche de fiesta
escribí en el móvil:
"mamá está triste".
Tiempo después
estando también de fiesta
leí la nota
y no entendí muy bien
qué había querido decir
cuando la escribí.
No voy a seguir
hablando de mi madre
porque me niego
a que la miren raro
por mi pueblo.
O, mejor aún,
voy a seguir hablando de ella,
pero como si mi madre
fuese todas las madres del mundo,
porque cuando paso
de la primera persona del singular
a la primera persona del plural
las palabras nos hacen menos efecto,
y por eso nos es más fácil guardarlas
en una bolsita de plástico con cierra fácil
y guardar la bolsita de plástico con cierra fácil
en el bolso del pantalón o en la cartera,
y partirlas o machacarlas
y ponerlas en la lengua
y tragarlas rápido
para que no nos quemen la lengua,
las palabras.

THE WORDS

On a night out
i wrote on my phone:
"mom is sad."
some time after
also during a party
i read the note
and i don't quite understand
what i meant
when i wrote it.
I won't keep
talking about my mom
because i refuse to
let her fall under the curious gaze
of the people in my town.
Or, even better,
i will keep talking about her,
as if my mom were all of the moms in the world,
because when i switch
from the first-person singular
to the first-person plural
the words are less affective
and it's easier for us to keep them
in a ziploc bag
in our pocket or our wallets
and break them or smash them
and place them on our tongue
and swallow them swiftly
so that they don't end up burning our tongue,
the words.

Al llegar a casa por la mañana
bajamos las persianas, deshacemos
la cama y empezamos a discutir.
¿Cuándo contaminamos más,
cuando estamos tristes o
cuando somos felices?
Cuando vemos cosas ardiendo
dejamos de mirar
y buscamos en Internet
videos de personas sufriendo.
Cuando vemos personas sufriendo
dejamos de mirar
y buscamos en Internet
videos de cosas ardiendo.
El ruido que hacemos al tragar
es el ruido que hacen nuestros recuerdos
al ir desapareciendo poco a poco,
como los restos de droga
que ya casi habían desaparecido de nuestros cuerpos
cuando volvimos a tomar.

estoy creando una regla nemotécnica para acordarme de cómo
    quieres que me comporte
cuando respiramos el mismo aire estoy corriendo por el bosque con
    mis dilemas existenciales
en las manos estoy escribiéndote una carta explicando con todo lujo
    de detalles cómo me siento
cuando tengo que tomar decisiones bajo presión y te voy a dar a una
    copia de la original
dos copias de la original infinitas copias de la original infinitos bosques
infinitos medicamentos genéricos ordenados sobre infinitas portadas
    de Interviú
los motivos típicos para salir de la cama ya no me sirven la próxima
    vez que te toque
mis manos van a estar llenas de cambio climático necesito tu ayuda

when we get home in the morning
we draw the blinds, undo
the bed and start an argument.
when do we pollute more,
when we're sad or
when we're happy?
when we see things burning
we stop looking
and we search online for
videos of people suffering.
when we see people suffering
we stop looking
and we google
videos of things burning.
the noise we make when we swallow
is the noise our memories make
when they slowly fade away,
like the remainder of drugs
that had almost disappeared from our bodies,
when we used again.

i'm creating a mnemonic law to remember how you want me to
     behave
when we breathe the same air i'm running through the woods with
     my existential dilemmas
in my hands i'm writing you a letter explaining in great detail how i
     feel when i have to
make decisions under pressure and i'll give you a copy of the original
two copies of the original infinite copies of the original infinite forests
infinite generic drugs arranged on infinite interview covers
the common reasons for getting out of bed don't help me anymore
     the next time I touch you
my hands will be full of climate change i need your help
in distorting reality so that reality adjusts to what you and i

para distorsionar la realidad para que la realidad se ajuste a lo que tú y yo
pedimos de una relación y si no me ayudas voy a contarle mis
      problemas a un cuchillo
y luego voy a clavártelo para que la herida no se te infecte
pero se pase cuatro días deprimida sin poder salir de la cama

ask in a relationship and if you don't help me i'll tell my problems to
	a knife
and then i'll stab you with it so that the wound doesn't get infected
but gets depressed and can't get out of bed for four days.

EL CUMPLEAÑOS

Primero fueron las vías del tren,
después las telecomunicaciones
y ahora las fiestas hasta por la mañana.
Estoy jodido
y toda la gente a la que conozco
está jodida,
y supongo que toda la gente
a la que no conozco
también esta jodida,
y supongo que por eso
no estoy interesado
en conocer a más gente,
y supongo que por eso
no hay más gente
interesada en conocerme.

first it was the train tracks,
then telecommunications
and now parties until the break of day.
i'm fucked
and everyone i know
is fucked,
and i guess everyone
i don't know
is also fucked,
and i guess that's why
i'm not interested
in getting to know new people,
and i guess that's why
no one else is
interested in getting to know me.

Me pongo el chándal para escribir.
A la media hora la pantalla sigue en blanco,
pero yo ya estoy sudando.
Soy incapaz de escribir más poemas.
Como mucho se me ocurre algún titulo
que no tengo fuerzas para desarrollar.
La prosa tampoco es una opción.
Los diálogos y los sentimientos
que me imagino para otros
me resultan ridículos y aburridos.
Pero no todo está perdido.
Cuando intento recordar las cosas
que he hecho o las cosas que he dicho
estando drogado, me emparanoio
y la ansiedad crea las historias
que no soy capaz de escribir.
Gracias a la ansiedad
suplo las carencias de mi imaginación.

i put on my sweatpants so i can write.
half an hour later the page is still blank,
but i'm already sweating.
i can't write more poems.
at most i come up with a title
that i don't have the strength to develop.
prose isn't an option either.
the dialogues and feelings
i imagine for others
seem stupid and boring.
but not everything's lost.
when i try to remember the things i
've done or the things i've said
when i was on drugs, i get paranoid
and the anxiety creates stories
that i'm unable to write.
thanks to anxiety
i make up for my lack of imagination.

TRANSLATOR'S NOTE

First and foremost, I want to thank Óscar for being so open and making the translation and publication process so easy and enjoyable, giving me the opportunity of bringing his work to English-language readers. I am also grateful to World Poetry Books for publishing the present collection, especially Peter Constantine and Matvei Yankelevich.

I also want to thank my friend Angela Pitassi, for helping me in the first stages of the translation, with knowledge, care, and patience.

Finally, I would like to thank my friends and former UConn colleagues Gloriemarie Peña Alicea, Sandra Ruiz López, and Andrea Morcillo for their encouragement.

I first discovered Óscar García Sierra's work in 2019, as I was pursuing a master's degree at the University of Connecticut. His book came to me in a moment of profound apathy, when I felt disconnected from Spain, its literature and culture, and became a great source of inspiration. This book—full of obscurity, dark and complex humor, pop culture, and electronics—has been an important, almost too important, part of my life over the past few years. I hope that it can, as it did for me, turn your world upside down.

This edition includes almost all of the poems in the original 2016 publication of Óscar García Sierra's *Houston, yo soy el problema* by Espasa/Grupo Planeta in Madird, along with four uncollected later poems: "The Words," "The Noise," "Birthday," and "Literature."

Óscar García Sierra was born in León, Spain, in 1994. He studied literature at the Universidad Complutense in Madrid, and published his first book, *Houston, yo soy el problema*, in 2016. His work has appeared in the alt/lit journal *New Wave Vomit*, the Tumblr *Ciudades Esqueleto*, the news and media website *Playground*, and the poetry magazine *Revista tn*, among others. His novel, *Facendera*, was published to wide acclaim by Editorial Anagrama in 2022.

Carmen Yus Quintero was born in Huelva, Spain in 1996. She is a Spanish and English teacher and translator. She has a bachelor's degree in Translation and Interpreting, an MA in Spanish Studies, and an MA in Education. Her translations of Óscar García's work have appeared online in *New Poetry in Translation* (now *World Poetry Review*). An essay, "Posibilidades de la virtualidad" (The Possibilities of Virtual Theater), appears in *Falso Mutis*.

This book was typeset in Edita, a contemporary humanist typeface by Barcelona-based designer Pilar Cano. Cover design by Andrew Bourne with artwork by Nada Bien (Ramón Duero Orlando). Typesetting by Don't Look Now. Printed and bound by BALTO Print in Lithuania.

⊕⊕⊕ WORLD POETRY

Jean-Paul Auxeméry
Selected Poems
tr. Nathaniel Tarn

Maria Borio
Transparencies
tr. Danielle Pieratti

Jeannette L. Clariond
Goddesses of Water
tr. Samantha Schnee

Jacques Darras
John Scotus Eriugena at Laon
tr. Richard Sieburth

Olivia Elias
Chaos, Crossing
tr. Kareem James Abu-Zeid

Jerzy Ficowski
Everything I Don't Know
tr. Jennifer Grotz & Piotr Sommer
PEN AWARD FOR POETRY IN TRANSLATION

Antonio Gamoneda
Book of the Cold
tr. Katherine M. Hedeen &
Víctor Rodríguez Núñez

Mireille Gansel
Soul House
tr. Joan Seliger Sidney

Óscar García Sierra
Houston, I'm the problem
tr. Carmen Yus Quintero

Phoebe Giannisi
Homerica
tr. Brian Sneeden

Zuzanna Ginczanka
On Centaurs and Other Poems
tr. Alex Braslavsky

Leeladhar Jagoori
What of the Earth Was Saved
tr. Matt Reeck

Nakedness Is My End:
Poems from the Greek Anthology
tr. Edmund Keeley

Jazra Khaleed
The Light That Burns Us
ed. Karen Van Dyck

Judith Kiros
O
tr. Kira Josefsson

Dimitra Kotoula
The Slow Horizon That Breathes
tr. Maria Nazos

Maria Laina
Hers
tr. Karen Van Dyck

Maria Laina
Rose Fear
tr. Sarah McCann

Perrin Langda
A Few Microseconds on Earth
tr. Pauline Levy Valensi

Afrizal Malna
Document Shredding Museum
tr. Daniel Owen

Manuel Maples Arce
Stridentist Poems
tr. KM Cascia

Ennio Moltedo
Night
tr. Marguerite Feitlowitz

Meret Oppenheim
The Loveliest Vowel Empties:
Collected Poems
tr. Kathleen Heil

Giovanni Pascoli
Last Dream
tr. Geoffrey Brock
RAIZISS/DE PALCHI TRANSLATION AWARD

Gabriel Pomerand
Saint Ghetto of the Loans
tr. Michael Kasper &
Bhamati Viswanathan

Rainer Maria Rilke
Where the Paths Do Not Go
tr. Burton Pike

Elisabeth Rynell
Night Talks
tr. Rika Lesser

George Sarantaris
Abyss and Song: Selected Poems
tr. Pria Louka

Seo Jung Hak
The Cheapest France in Town
tr. Megan Sungyoon

Ardengo Soffici
Simultaneities & Lyric Chemisms
tr. Olivia E. Sears

Paul Verlaine
Before Wisdom: The Early Poems
tr. Keith Waldrop & K. A. Hays

Uljana Wolf
kochanie, today i bought bread
tr. Greg Nissan

Ye Lijun
My Mountain Country
tr. Fiona Sze-Lorrain

Verónica Zondek
Cold Fire
tr. Katherine Silver